Von **A** wie Aufwärmen bis **Z** wie Zielspiel
75 Übungsformen für jedes Handballtraining

## Vorwort

Ein abwechslungsreiches Training erhöht die Motivation und bietet immer wieder neue Anreize, bekannte Bewegungsabläufe zu verbessern und zu präzisieren. In diesem Buch finden Sie Übungen zu allen Bereichen des Handballtrainings – vom Aufwärmen über Torhüter einwerfen bis hin zu gängigen Inhalten des Hauptteils und Spielen zum Abschluss –, die Sie in Ihrem täglichen Training mit Ihrer Handballmannschaft inspirieren sollen. Alle Übungen sind bebildert und in der Ausführung leicht verständlich beschrieben. Spezielle Hinweise erläutern, worauf Sie achten müssen.

Insgesamt gliedert sich das Buch in die folgenden Themenschwerpunkte:

**Erwärmung:**
- Grunderwärmung
- Kleine Spiele zur Erwärmung
- Sprintwettkämpfe
- Koordination
- Ballgewöhnung
- Torhüter einwerfen

**Grundübungen, Grund- und Zielspiele:**
- Angriff / Wurfserien
- Angriff allgemein
- Schnelle Mitte
- 1. und 2. Welle
- Abwehraktionen
- Abschlussspiele
- Ausdauer

Am Ende finden Sie dann noch eine komplette methodisch ausgearbeitete Trainingseinheit. Ziel der Trainingseinheit ist das Verbessern des Wurfs und der Wurfentscheidung unter Druck.

Insgesamt finden Sie in diesem Fachbuch 75 Einzelübungen.

Beispielgrafik:

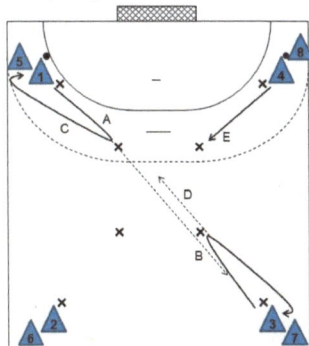

Dynamische Stoßbewegung in der Gruppe

1. Auflage (19.02.2015)  
Verlag: DV Concept  
Autoren: Jörg Madinger, Elke Lackner  
ISBN: 978-3-95641-157-1

Nachdruck, fotomechanische Vervielfältigung jeder Art, Einspeicherung bzw. Verarbeitung in elektronischen Systemen bedarf des schriftlichen Einverständnisses des Autors.

Von **A** wie Aufwärmen bis **Z** wie Zielspiel
75 Übungsformen für jedes Handballtraining

## Inhalt:

### 1. Grunderwärmung

| Nr. | Name | Schwierigkeit |
|---|---|---|
| 1 | Mannschaftsverfolgung | ★ |
| 2 | Erwärmung mit Ball und lockerem Wurf auf das Tor | ★ |
| 3 | Passen von Spieler zu Spieler mit Zusatz-Laufaufgabe | ★ |
| 4 | Erwärmung mit verbundenen Augen | ★ |
| 5 | Erwärmung mit anschließendem Wurf auf Ziele | ★ |

### 2. Kleine Spiele zur Erwärmung

| 6 | Kasten abbauen durch Abwerfen | ★ |
|---|---|---|
| 7 | Parteiball über drei Spielfelder | ★ |
| 8 | Parteiball mit Folgeaktion | ★★ |
| 9 | Parteiball mit zwei unterschiedlichen Aufgabenstellungen | ★★★ |
| 10 | Intensive Fußballvariante 2gegen2 | ★★ |

### 3. Sprintwettkämpfe

| 11 | Sprintstaffel mit Turnbänken | ★ |
|---|---|---|
| 12 | Die Reise nach Jerusalem | ★ |
| 13 | Mannschaftsfangspiel | ★★ |
| 14 | Intensiver Sprintwettkampf | ★★★ |
| 15 | Sprintwettkampf mit Spielkarten | ★★ |

### 4. Koordination

| 16 | Zahlenreaktionssprint | ★ |
|---|---|---|
| 17 | Reaktionskoordination | ★ |
| 18 | Laufkoordination mit einer Abwehraktion | ★ |
| 19 | Laufkoordination | ★★ |
| 20 | Ballkoordination mit fünf Bällen | ★★★ |

### 5. Ballgewöhnung

| 21 | Passen und Laufen nach Signal | ★ |
|---|---|---|
| 22 | Passen und Fangen in der 2er-Gruppe über die ganze Halle | ★ |
| 23 | Dynamische Stoßbewegung in der Gruppe | ★★ |
| 24 | Lauftäuschung mit anschließendem Fangen und Passen im vollen Lauf | ★★ |
| 25 | Passen und Fangen über die ganze Halle mit Torhüter | ★★ |

### 6. Torhüter einwerfen

| 26 | Laufübung mit anschließendem Wurf | ★ |
|---|---|---|
| 27 | Einwerfen von zwei Positionen | ★★ |
| 28 | Dynamisches Einwerfen mit anschließender Kontereinleitung | ★★ |
| 29 | Einwerfen mit Abwehrübung | ★★ |
| 30 | „Intelligentes" Einwerfen nach Vorgabe mit anschließendem Konter | ★★ |

### 7. Angriff / Wurfserien

| 31 | Einfache Wurfserie mit Laufkoordination | ★ |
|---|---|---|
| 32 | Wurfserie nach Vorgabe | ★ |
| 33 | Wurfserie mit erweiterter Laufkoordination | ★★ |
| 34 | Komplexe Wurfserie von allen Positionen | ★★★ |
| 35 | Intensive Wurfserien mit Vorbelastung | ★★★ |

## 8. Angriff allgemein

| Nr. | Name | Schwierigkeit |
|---|---|---|
| 36 | Stoß- und Rückzugsbewegung mit anschließendem Wurf über Außen | ★ |
| 37 | Zusammenspiel im 2gegen2 mit Zusatzaufgaben | ★ |
| 38 | Einfache Kreuzbewegung RR/RL mit dem Außenspieler mit Entscheidung | ★★ |
| 39 | Einfache Kreuzbewegung RM mit dem Außenspieler und Weiterspielmöglichkeiten | ★★ |
| 40 | Sperre mit Absetzen auf der Halbposition – Auftakthandlung | ★★ |
| 41 | Sperre mit Absetzen auf der Halbposition – Folgeaktion | ★★ |
| 42 | Eine einfache Kreuzbewegung im 3gegen3 spielen | ★★ |

## 9. Schnelle Mitte / 1. und 2. Welle

| Nr. | Name | Schwierigkeit |
|---|---|---|
| 43 | Schnelle Mitte | ★★ |
| 44 | Koordinative Beinarbeit mit zwei folgenden Kontersituationen im 1gg1 | ★★ |
| 45 | Schnelle Laufbewegung mit anschließendem Konter im 1gg1 | ★★ |
| 46 | Auftakthandlung in der 2. Welle | ★★ |
| 47 | Konterwettkampf | ★★ |

## 10. Abwehraktionen

| Nr. | Name | Schwierigkeit |
|---|---|---|
| 48 | Ball herausprellen | ★ |
| 49 | Grundlagen des Heraustretens und Absicherns trainieren | ★ |
| 50 | 1gg1 mit Anschlussaktion für den Angreifer | ★ |
| 51 | Wechselnde Angriffs- und Abwehraktionen im 1gg1 | ★★ |
| 52 | Intensives Abwehr- und Angriffskontinuum mit Folgeaktionen | ★★★ |
| 53 | Intensives Abwehr- und Angriffskontinuum im 1gg1 mit Vorbelastung | ★★★ |
| 54 | 2gg2-Abwehrkontinuum mit Zusatzaufgabe | ★★ |
| 55 | Übergeben und Übernehmen des Kreisläufers im Mittelblock | ★★ |
| 56 | Wurfeckübergabe zwischen Abwehr und Torhüter | ★★★ |
| 57 | Unterzahlabwehr im Mittelblock trainieren | ★★ |
| 58 | Abwehraktion im 4gg4 mit anschließendem Konter über die Außenpositionen | ★★ |

## 11. Abschlussspiele

| Nr. | Name | Schwierigkeit |
|---|---|---|
| 59 | 4gg4 mit schnell wechselnden Angriffs- und Abwehraktionen | ★★ |
| 60 | Überschlagspiel für die Schnelle Mitte und die 2. Welle | ★★ |
| 61 | Einfaches Überschlagspiel im 4gegen4 | ★ |
| 62 | Intensives Überschlagspiel im 4gegen4 | ★★ |

## 12. Ausdauer

| Nr. | Name | Schwierigkeit |
|---|---|---|
| 63 | Stoßen und Passen mit Zusatzlaufwegen und unter Zeitdruck | ★ |
| 64 | Ballgewöhnung mit dem Schwerpunkt Laufarbeit | ★★ |
| 65 | Ausdauerwettkampf auf dem Sportplatz | ★★ |
| 66 | Konterkontinuum mit anschließendem Athletikparcours | ★★★ |
| 67 | Laufübung mit Zusatzübung auf der Weichbodenmatte | ★★★ |

## 13. Beispieltrainingseinheit Nr. 220 „Verbesserung des Wurfs und der Wurfentscheidung unter Druck"

## 14. Anmerkung des Autors

## 15. Weitere Fachbücher des Verlags DV Concept

Von **A** wie Aufwärmen bis **Z** wie Zielspiel
75 Übungsformen für jedes Handballtraining

## Legende:

Übungsnummer    Übungsname    Min. Spieleranzahl

| Nr. 1 | Mannschaftsverfolgung | 8 | ★ |
|---|---|---|---|
| Themengruppe: | Allgemeine Erwärmung | | |
| Benötigt: | ausreichend Bälle | | |

Schwierigkeitsgrad
Einfach: ★
Mittel: ★★
Schwer: ★★★

|  |  |
|---|---|
| ✗ | Hütchen |
| ○ | Reifen |
| ▬ (blau) | dicke Weichbodenmatte |
| ▬ (grau/blau) | dünne Turnmatte |
| ▬ (klein oliv) | kleine Turnkiste |
| ☐ | kleine umgedrehte Turnkiste |
| ▬ | Pommes: ca. 60 cm lange Schaumstoffstreifen |
| ▬ (groß oliv) | großer Turnkasten |
| ● (orange) | Medizinball |
| • (gelb) | Softball / Tennisball |
| ▬ (schwarz) | Turnbank |
| ⊓ | Hürde |
| ⊞ | Koordinationsleiter |
| ▪▪ | verschiedenfarbige Leibchen |

## 1. Grunderwärmung

| Nr. 1 | Mannschaftsverfolgung | 8 | ⭐ |
|---|---|---|---|
| **Themengruppe:** | Allgemeine Erwärmung | | |
| **Benötigt:** | ausreichend Bälle | | |

**Grundaufbau:**
- Die Spieler in 4er/5er-Gruppen aufteilen und je einen Leader bestimmen

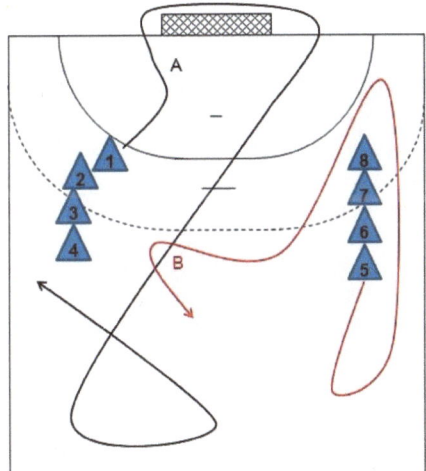

**Ablauf:**
- Die einzelnen Gruppen bewegen sich frei in der Halle
- Der Leader läuft voraus und macht Übungen vor, die anderen Spieler laufen ihm hinterher und machen die vorgemachten Übungen nach (A).
- Treffen sich zwei Gruppen und die beiden Leader klatschen sich dabei ab, ist das das Signal für die nachlaufenden Spieler, den Leader zu tauschen. Sie müssen sofort reagieren und die Übungen des neuen Leaders nachmachen.
- Erfolgt ein Pfiff des Trainers, wird je ein neuer Spieler zum neuen Leader und übernimmt ab sofort das Vormachen
- Usw.

**Variation:**
- Jeder Spieler mit Ball

| Nr. 2 | Erwärmung mit Ball und lockerem Wurf auf das Tor | 6 | ☆ |
|---|---|---|---|
| **Themengruppe:** | Allgemeine Erwärmung | | |
| **Benötigt:** | Ein Ball je Spieler | | |

### Ablauf:

- Die Spieler bewegen sich durcheinander auf der gesamten Hallenhälfte und prellen dabei je einen Ball (A).
- Verschiedene Lauf- und Prellvarianten werden ausgeführt (Prellen mit der Wurfhand, mit der Nichtwurfhand, abwechselnd; Laufen im Hopserlauf, Sidestep, rückwärts...).
- Auf Pfiff der Trainers versuchen alle Spieler von ihrer aktuellen Position aus, den Ball ins Tor zu werfen (B).
- Anschließend holen die Spieler ihren Ball und starten wieder mit dem Prellen.

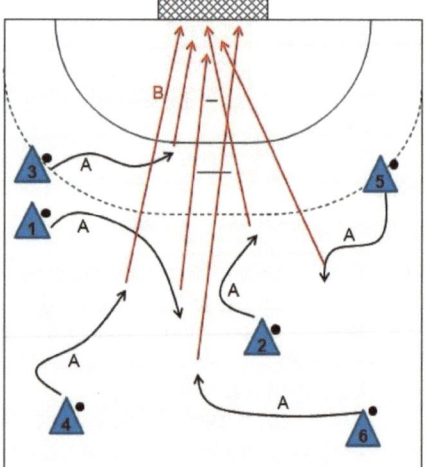

| Nr. 3 | Passen von Spieler zu Spieler mit Zusatz-Laufaufgabe | 8 | ★ |
|---|---|---|---|
| **Themengruppe:** | Allgemeine Erwärmung | | |
| **Benötigt:** | 2 Bälle | | |

## Ablauf 1:
- Es werden zwei Gruppen gebildet. In jeder Gruppe werden die Spieler durchnummeriert (im Bild: 1-5).
- Die Spieler laufen in lockerem Tempo im Feld durcheinander.
- Jede Gruppe passt einen Ball (A und B) in der vorgegebenen Reihenfolge (1-2-3-4-5-1...).
- Nach jedem Pass sprintet der Spieler, der gepasst hat, zu einer Seitenlinie (C) und läuft dann in lockerem Tempo im Feld weiter, bis er den nächsten Pass bekommt.
- Beim Sprint dürfen die Spieler eine Seitenlinie wählen, allerdings nicht die Seitenlinie, die ihnen am nächsten ist (D).

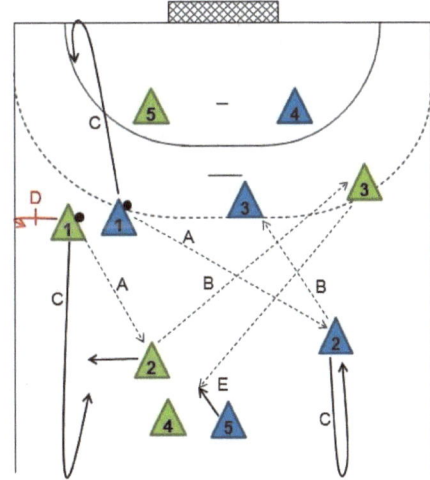

## Ablauf 2:
- Der Ablauf aus Ablauf 1 bleibt erhalten.
- Zusätzlich dürfen jetzt Spieler des anderen Teams, die gerade nicht passen oder zu einer Seitenlinie sprinten, versuchen, den Ball der anderen Gruppe abzufangen (E).

## Variation:
- Verschiedene Laufvarianten im Feld durchführen (Hopserlauf, Sidesteps, Armkreisen)

| Nr. 4 | Erwärmung mit verbundenen Augen | 6 | ★ |
|---|---|---|---|
| **Themengruppe:** | Allgemeine Erwärmung | | |
| **Benötigt:** | Ausreichend farbige Leibchen, Augenklappen für jede Zweiergruppe | | |

**Ablauf 1:**
- Die Spieler gehen zu zweit zusammen.
- Ein Spieler gibt Laufweg und Laufbewegung vor, der zweite Spieler führt die gleichen Bewegungen aus.
- Nach 2-3 Minuten die Aufgaben wechseln

**Ablauf 2:**
- Einer der beiden Spieler bekommt die Augen verbunden.
- Der „blinde" Spieler läuft voraus in zügigem Tempo durch die Halle. Der zweite Spieler steuert seinen Mitspieler durch Berührungen (linke Schulter -> abdrehen nach links/ rechte Schulter -> abdrehen nach rechts / leichtes Klopfen auf den Rücken -> Stop) (A).
- Nach 2-3 Minuten werden die Aufgaben getauscht.

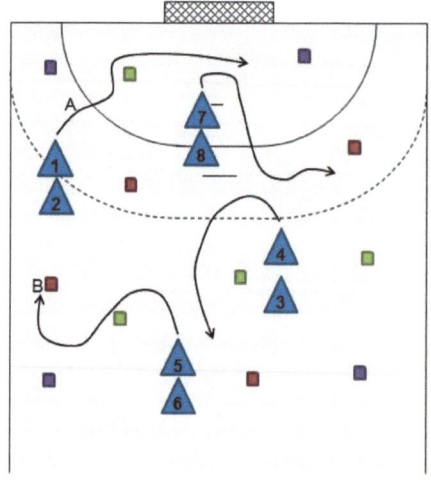

**Ablauf 3 (Bild):**
- In der Halle werden Gegenstände verteilt (z. B. farbige Leibchen).
- Die Spieler führen Ablauf 2 durch. Dabei versuchen sie, so viele Gegenstände wie möglich zu sammeln (B).
- Nur der „blinde" Spieler darf die Gegenstände aufheben (Anzeige durch Klopfen auf beide Schultern).
- Nach 2-3 Minuten werden die Aufgaben getauscht.

⚠ Die Spieler sollen auch mit verbundenen Augen zügig durch die Halle laufen und auf den Mitspieler vertrauen.

⚠ Während der Übung wird nicht gesprochen.

| Nr. 5 | Erwärmung mit anschließendem Wurf auf Ziele | 6 | ⭐ |
|---|---|---|---|
| **Themengruppe:** | Allgemeine Erwärmung | | |
| **Benötigt:** | Verschiedenartige Bälle (z.B. Hand-, Soft-, Tennisbälle usw.), 1 Turnbank, 5 Hütchen | | |

## Aufbau (siehe Bild):
- Verschiedene Bälle auf der Hallenhälfte verteilen (Hand-, Soft-, Tennisbälle usw.)
- Im 6-Meter-Raum eine Bank mit Hütchen darauf aufstellen

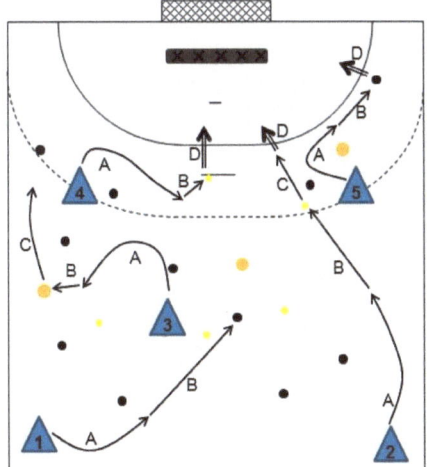

## Ablauf:
- Die Spieler bewegen sich in flottem Tempo um die Bälle herum in der kompletten Hallenhälfte (A), ohne den 6-Meter-Raum dabei zu betreten. Dabei führen sie unterschiedliche Laufvarianten aus.
- Auf Pfiff des Trainers holt sich jeder Spieler einen Ball (B), läuft an die 6-Meter-Linie (C) und versucht, ein Hütchen abzuwerfen (D).
- Nach dem Wurf holen sich die Spieler weitere Bälle und werfen so lange, bis alle Hütchen abgeworfen sind oder alle Bälle im 6-Meter-Raum liegen.
- Dann starten die Spieler wieder mit dem Laufen, während der Trainer den nächsten Wurf-Durchgang vorbereitet (Bälle wieder in der Hallenhälfte verteilen) und anschließend erneut das Signal zum Werfen gibt.

⚠️ Den Abstand der Wurflinie von der Bank je nach Leistungsstärke der Spieler variieren

⚠️ Jeder Spieler darf immer nur einen Ball auf einmal aufnehmen, um zu werfen.

⚠️ Die Bälle dürfen nicht gepasst werden, jeder Spieler soll mit dem geholten Ball selbst werfen.

Von **A** wie Aufwärmen bis **Z** wie Zielspiel
75 Übungsformen für jedes Handballtraining

## 2. Kleine Spiele zur Erwärmung

| Nr. 6 | Kasten abbauen durch Abwerfen | 8 | ⭐ |
|---|---|---|---|
| **Themengruppe:** | Kleine Spiele zur Erwärmung | | |
| **Benötigt:** | Zwei große Turnkästen, 1 Ball, 6 Hütchen | | |

### Aufbau:
- Zwei große Turnkästen diagonal aufstellen und die Wurflinie mit Hütchen markieren

### Ablauf:
- Zwei Mannschaften spielen gegeneinander.
- Dabei versucht die Mannschaft in Ballbesitz durch schnelle Pässe (A und B) und geschicktes Laufen (C), einen Spieler in Wurfposition zu bringen (D).
- Die Mannschaft erhält einen Punkt, wenn der werfende Spieler eine der Seitenflächen des Kastens trifft.

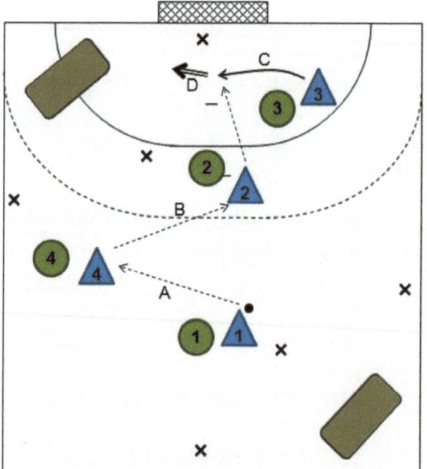

- Der abgesteckte Bereich um den Kasten darf dabei vom Werfer nicht betreten werden.
- Nach jedem Wurfversuch wechselt der Ballbesitz und die andere Mannschaft startet einen Angriff auf den gegenüberliegenden Kasten.
- Nach zwei (drei) Punkten für eine Mannschaft wird der Kasten verkleinert, indem ein Zwischenteil herausgenommen wird.
- Es gewinnt die Mannschaft, die ihren Kasten zuerst komplett abgebaut hat.

⚠️ Die Spieler sollen nach einem Wurfversuch sofort umschalten und den Angriff auf den gegenüberliegenden Kasten starten.

Von **A** wie Aufwärmen bis **Z** wie Zielspiel
75 Übungsformen für jedes Handballtraining

| Nr. 7 | Parteiball über drei Spielfelder | 8 | ⭐ |
|---|---|---|---|
| **Themengruppe:** | Kleine Spiele zur Erwärmung | | |
| **Benötigt:** | 3 verschiedene Spielgeräte, z. B. 1 Handball, 1 Frisbee, 1 Softball, 8 Hütchen | | |

## Aufbau:
- Drei Spielfelder mit Hütchen markieren und zwei Mannschaften bilden
- Die beiden Mannschaften spielen innerhalb der einzelnen Spielfelder jeweils Parteiball mit dem für das Spielfeld zugewiesenen Ball, ohne dabei zu prellen.
- Spielgeräte für die einzelnen Spielfelder unterschiedlich wählen, z.B. normaler Handball, Medizinball, Frisbee-Scheibe, Softball, Tennisball, …
- Die Bälle müssen nach der Spielaktion jeweils im zugewiesenen Spielfeld bleiben.

## Ablauf:
- Die Mannschaft in Ballbesitz versucht, den Ball 8 Mal zu passen (ohne sofortigen Rückpass zum vorherigen Ballgeber).
- Kann die andere Mannschaft den Ball abfangen, darf sie sofort versuchen, die 8 Pässe zu spielen.
- Gelingt es einer Mannschaft, die 8 Pässe zu spielen, bekommt sie einen Punkt und legt den Ball sofort auf den Boden.
- Jetzt pfeift der Trainer ein- oder zweimal, dies ist das Zeichen für beide Mannschaften, in welchem Spielfeld es weitergeht.

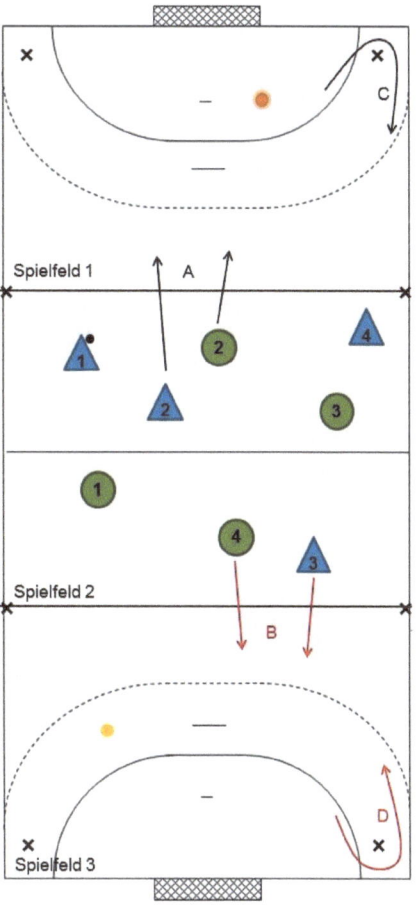

## Spielfeldwechsel nach Pfiff:
- Ein Pfiff: Das aktuelle Spielfeld wird immer nach oben verlassen (A).
- Zwei Pfiffe: Das aktuelle Spielfeld wird immer nach unten verlassen (B).
- Die Mannschaft, die zuerst das neue Spielgerät sichert, darf sofort wieder versuchen, 8 Pässe zu spielen.

**Beispiele:**
- Spielende in Spielfeld 1
    - Ein Pfiff, es geht weiter in Spielfeld 3. Alle Spieler müssen aber zuerst um eines der beiden Hütchen sprinten und dürfen dann erst in Spielfeld 3 laufen (C).
    - Zwei Pfiffe, es geht weiter in Spielfeld 2.
- Spielende in Spielfeld 2
    - Ein Pfiff, es geht weiter in Spielfeld 1.
    - Zwei Pfiffe, es geht weiter in Spielfeld 3.
- Spielende in Spielfeld 3
    - Ein Pfiff, es geht weiter in Spielfeld 2.
    - Zwei Pfiffe, es geht weiter in Spielfeld 1. Alle Spieler müssen aber zuerst um eines der beiden Hütchen sprinten und dürfen dann erst in Spielfeld 1 laufen (D).

⚠ Dauert das Spiel innerhalb eines Spielfeldes zu lange, weil der Ballbesitz ständig zwischen den beiden Mannschaften wechselt, pfeift der Trainer irgendwann zwischendurch. Die Spieler sollen sich sofort auf die neuen Gegebenheiten einstellen.

Von **A** wie Aufwärmen bis **Z** wie Zielspiel
75 Übungsformen für jedes Handballtraining

| Nr. 8 | | Parteiball mit Folgeaktion | 8 | ★★ |
|---|---|---|---|---|
| **Themengruppe:** | | Kleine Spiele zur Erwärmung | | |
| **Benötigt:** | | 1 Ball, 8-10 Hütchen | | |

### Aufbau:
- Mehrere Tore mit Hütchen aufstellen
- Die Seitenauslinien werden mit den Nummern 1-4 benannt.
- Zwei Mannschaften bilden

### Ablauf:
- Die Mannschaften spielen gegeneinander.
- Die Mannschaft in Ballbesitz versucht, durch Laufen und geschicktes Passen (A), zunächst 5 (3, 7) Mal den Ball im Aufsetzer durch ein Hütchentor zu einem Mitspieler zu passen (B oder D).
- Dabei muss das Hütchentor immer gewechselt werden (C). Es darf nicht zweimal hintereinander durch dasselbe Hütchentor gepasst werden.
- Die Pässe durch die Hütchentore werden von der angreifenden Mannschaft laut mitgezählt.
- Sobald zum fünften Mal durch ein Tor gepasst wurde, ruft der Trainer laut eine Zahl zwischen 1 und 4 (E).
- Die angreifende Mannschaft versucht nun, den Ball hinter der genannten Linie abzulegen (F).
- Gelingt der komplette Ablauf (fünf Pässe durch ein Hütchentor + Ablegen des Balls hinter der richtigen Linie), bekommt die Mannschaft einen Punkt.
- Die andere Mannschaft sichert den Ball und versucht nun ihrerseits, einen Punkt zu erzielen.
- Wechselt der Ballbesitz, werden die Hütchentore immer von vorne gezählt, beginnend mit 1.

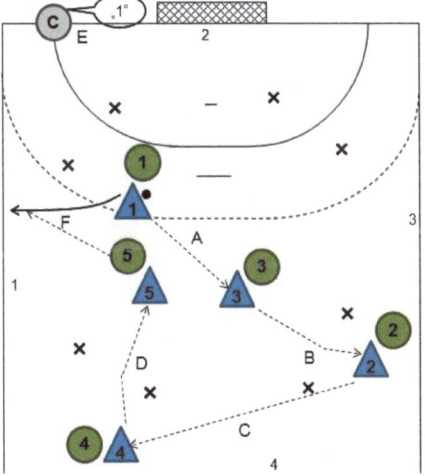

⚠ Die Spieler sollen schnell umschalten und direkt nach dem Punkt das nächste Hütchentor anlaufen. Nach dem fünften Hütchentor soll sofort auf die genannte Linie gestartet werden.

⚠ Nach Ablage des Balles hinter der Linie soll die andere Mannschaft sofort den Ball sichern und mit dem Spiel auf die Hütchentore beginnen.

| Nr. 9 | Parteiball mit zwei unterschiedlichen Aufgabenstellungen | 10 | ★★★ |
|---|---|---|---|
| **Themengruppe:** | Kleine Spiele zur Erwärmung | | |
| **Benötigt:** | 1 Ball, 8 dünne Turnmatten, 4 Hütchen | | |

## Ablauf:
- Die beiden Mannschaften spielen innerhalb der Hütchen (Feld) Parteiball ohne Prellen. Gelingt es einer Mannschaft, 8 Pässe in Folge zu spielen, ohne dass die andere Mannschaft den Ball herausfangen kann, beginnt der zweite Teil des Spiels.
- Die Angreifer versuchen nun, einen auf einer Matte stehenden Mitspieler anzuspielen (C). Gelingt das, bekommt die Mannschaft einen Punkt und die Mannschaft behält den Ball. Es muss aber für den nächsten Punkt eine andere Matte angespielt werden.
- Befindet sich ein gegnerischer Spieler beim Fangen ebenfalls auf der Matte, zählt dieser Punkt nicht (A).
- Es wird nun so lange weiter gespielt, bis der Ball verloren geht. Die dabei erzielten Punkte (Ball auf der Matte gefangen) werden sich gemerkt.
- Welche Mannschaft schafft es, die meisten Punkte (gefangene Bälle auf der Matte) zu erzielen?

## Variationen:
- Es dürfen sich immer nur max. 3 Spieler einer Mannschaft im äußeren Spielfeld aufhalten (bei den Matten).
- Nach einem Punkt dürfen neben derselben Matte auch die Nachbarmatten für den nächsten Punkt nicht angespielt werden (B).

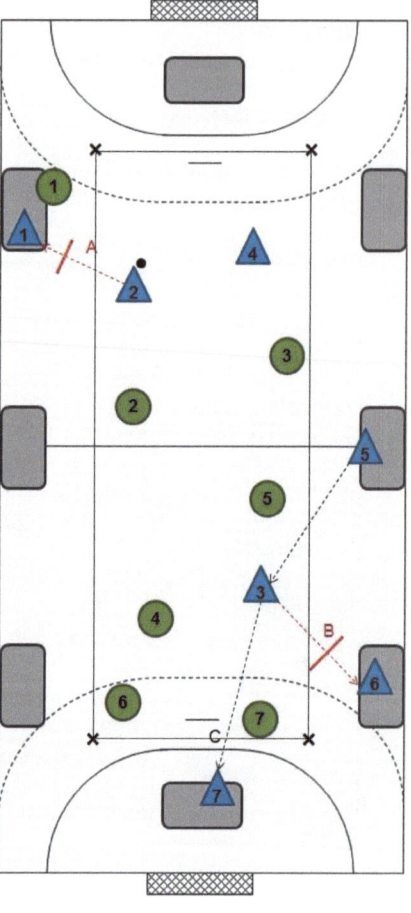

| Nr. 10 | Intensives Fußballspiel 2 gegen 2 | 12 | ★★ |
|---|---|---|---|
| **Themengruppe:** | Kleine Spiele zur Erwärmung | | |
| **Benötigt:** | 1 Fußball, 4 Turnbänke | | |

## Aufbau:
- Vier Langbänke wie abgebildet aufstellen, sodass die Sitzfläche in die Halle zeigt (90° gedreht)
- Zwei Mannschaften bilden
- Es wird immer im 2gg2 Fußball gegeneinander gespielt.
- Die Mannschaften sollen eine Reihenfolge festlegen, in der die Spieler das Spielfeld betreten.

## Ablauf:
- ▲1 und ▲2 spielen gegen ●1 und ●2 und versuchen, ein Tor zu erzielen, indem sie den Ball an die auf der Seite liegende Bank kicken (A, B und C).
- Gelingt ein Tor, müssen alle vier Spieler ▲1, ▲2, ●1 und ●2 sofort das Spielfeld bei ihrer Bank verlassen (D) (abklatschen) und dürfen auf dem Weg dorthin nicht mehr ins Spielgeschehen eingreifen. Je ein neuer Spieler pro Bank darf dann das Spielfeld betreten (E).
- Jetzt spielen ▲3 und ▲5 gegen ●3 und ●5 bis zum nächsten Tor, danach verlassen sie ebenfalls bei ihrer Bank das Spielfeld, usw.
- Die Spieler, die außerhalb auf ihren Einsatz warten, machen bei jeder „Wartepause" Liegestützen und Sit-ups im Wechsel.

⚠ Bei größeren Gruppen je Bank mit zwei Spielern pro Bank im Feld (4gg4) spielen.

## 3. Sprintwettkämpfe

| Nr. 11 | | Sprintstaffel mit Turnbänken | 6 | ⭐ |
|---|---|---|---|---|
| **Themengruppe:** | | Sprintwettkämpfe | | |
| **Benötigt:** | | 3 Turnbänke | | |

**Ablauf:**

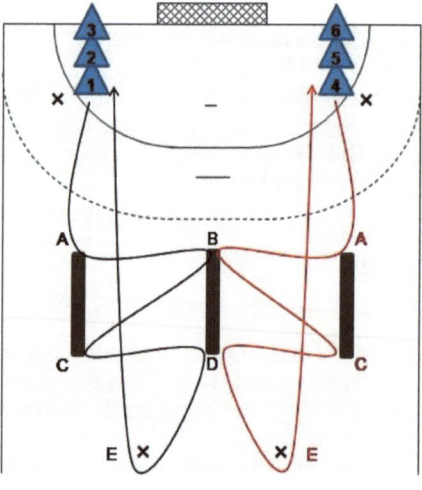

- 1 und 4 starten auf Kommando gleichzeitig und sprinten geradeaus zur ersten Ecke der Turnbank (A).
- Dann sprinten sie in der Seitwärtsbewegung zur inneren Bank (Ecke) (B).
- Anschließend sprinten sie diagonal nach vorne (Ecke) (C).
- Danach wieder in der Seitwärtsbewegung zur inneren Bank (Ecke) (D).
- Zum Schluss sprinten sie um das Hütchen und wieder zurück und klatschen den nächsten Spieler ab (E).
- usw.

⚠ Die Enden der Bank werden jeweils leicht mit der Hand berührt.

Die Verlierermannschaft muss z.B. Liegestützen oder Sit-ups ausführen.

| Nr. 12 | Die Reise nach Jerusalem | 6 | ⭐ |
|---|---|---|---|
| **Themengruppe:** | Sprintwettkämpfe | | |
| **Benötigt:** | Schaumstoffbalken (Anzahl der Spieler -1) | | |

## Aufbau:
- Es werden drei Mannschaften gebildet.
- Die Schaumstoffbalken werden in der Halle verteilt, dabei gibt es einen Schaumstoffbalken weniger als Spieler (Prinzip Reise nach Jerusalem).

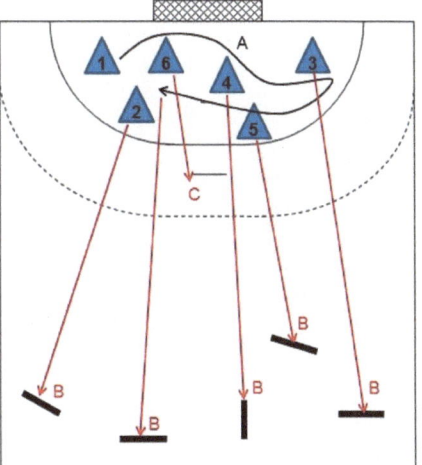

## Ablauf:
- Alle Spieler laufen in lockerem Tempo innerhalb des 6-Meter-Kreises und „begrüßen" sich dabei durch Abklatschen (A).
- Auf Kommando laufen alle Spieler los und versuchen, als erstes mit einem Fuß auf einem Schaumstoffbalken zum Stehen zu kommen und den Balken so zu blockieren (B).
- Der Spieler, der keinen Balken erreicht, scheidet aus (C), es wird ein Balken entfernt und der Ablauf wiederholt sich so lange, bis nur noch drei Spieler übrig sind.
- Die Mannschaft, die die meisten Spieler unter den letzten drei Spielern stellt, bekommt einen Punkt. Gibt es einen Gleichstand (je 1 Spieler jeder Mannschaft bleibt übrig), erhält jede Mannschaft einen Punkt.
- Danach die Schaumstoffbalken wieder auslegen und den Ablauf insgesamt dreimal wiederholen.
- Die Mannschaft, die am Ende die meisten Punkte hat, hat gewonnen, die beiden anderen müssen eine zuvor definierte Aufgabe erfüllen (Liegestützen, Hampelmann, oder Ähnliches).

⚠ Verlässt ein Spieler vor dem Signal den 6-Meter-Raum, scheidet er sofort aus.

⚠ Kommen zwei oder mehr Spieler fast zeitgleich auf einem Schaumstoffbalken zum Stehen, müssen diese Spieler sich einigen, wer zuerst da war, sonst scheiden alle aus.

⚠ Eventuell bietet sich ein mannschaftsinternes taktisches Laufen an.

⚠ Bei vielen Spielern eventuell Aufgaben definieren, die ausgeschiedene Spieler ausführen (Kräftigung, Dauerlauf o.Ä.)

| Nr. 13 | Mannschaftsfangspiel | 10 | ★★ |
|---|---|---|---|
| **Themengruppe:** | Sprintwettkämpfe | | |
| **Benötigt:** | | | |

## Grundaufbau:
- 2 Mannschaften bilden
- „Spielfeldbegrenzung" ist die Mittellinie.

## Ablauf:
- Auf Kommando startet je Mannschaft ein Spieler (1 und 1), überläuft die Mittellinie (A) und versucht, einen Spieler der anderen Mannschaft abzuschlagen (B).
- Gelingt das Abschlagen (C), läuft 1 sofort zurück über die Mittellinie und seine Mannschaft bekommt einen Punkt. Jetzt darf ein anderer Spieler seiner Mannschaft (3) ebenfalls über die Mittellinie laufen, mit dem Ziel, so schnell wie möglich einen Spieler abzuschlagen (D).

## Aufgabenstellungen:
- Welche Mannschaft schafft innerhalb 2 Minuten mehr Punkte?
- Jeder Spieler einer Mannschaft muss 2* einen Spieler abschlagen (zwischen den beiden „Fangaktionen" muss er einmal über die Mittellinie laufen).

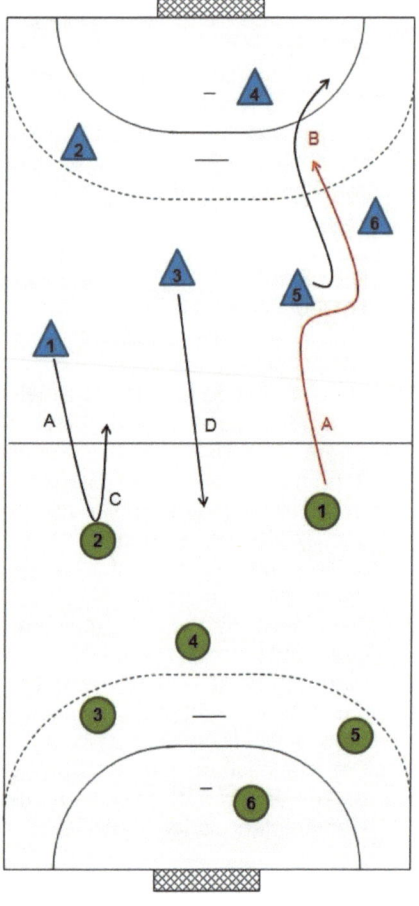

⚠ Es darf immer nur ein Spieler je Mannschaft über die Mittellinie gehen. Sollten zwei Spieler über der Mittellinie sein, gibt es keinen Punkt beim Fangen!

⚠ Befindet sich 1 in der „gegnerischen" Hälfte und ist dabei, einen Spieler abzuschlagen, darf er von 1 nicht abgeschlagen werden. Spieler dürfen nur abgeschlagen werden, wenn sie sich in ihrer eigenen Hälfte befinden (nicht in der gegnerischen).

| Nr. 14 | | Intensiver Sprintwettkampf | 6 | ★★★ |
|---|---|---|---|---|
| **Themengruppe:** | | Sprintwettkämpfe | | |
| | **Benötigt:** | 5-8 kleine Turnkisten, je 2 Spieler 1 Ball | | |

**Aufbau:**
- 2er Teams mit Ball bilden
- 5-8 kleine Ballkisten umgedreht wie abgebildet auf Höhe der Mittellinie aufbauen

**Ablauf:**
- 🔺1, 🟢1 und 🔺1 starten gleichzeitig auf Kommando mit Ball aus dem 6-Meter-Raum (A).
- 🔺1, 🟢1 und 🔺1 sprinten mit Ball zur 1. Kiste, legen den Ball hinein (B), sprinten wieder zurück und klatschen 🔺2, 🟢2 und 🔺2 ab (C), die im 6-Meter-Raum warten.
- Jetzt sprinten 🔺2, 🟢2 und 🔺2 (D) zur 1. Kiste, in der sich die Bälle befinden, holen sich **IHREN** Ball aus der Kiste (E), sprinten zurück zum 6-Meter-Raum und **MÜSSEN** mit einem Fuß die Linie berühren (F), dann dürfen sie den Ball wieder an den ersten Spieler übergeben.
- Danach sprinten 🔺1, 🟢1 und 🔺1 zur 2. Kiste, legen den Ball hinein (G), sprinten zurück und klatschen 🔺2, 🟢2 und 🔺2 ab, die im 6–Meter-Raum warten (H).
- Usw. bis zur letzten Kiste. Die Mannschaft, die den Ball zuerst nach der letzten Kiste wieder in den 6-Meter-Raum bringt (J), hat gewonnen.

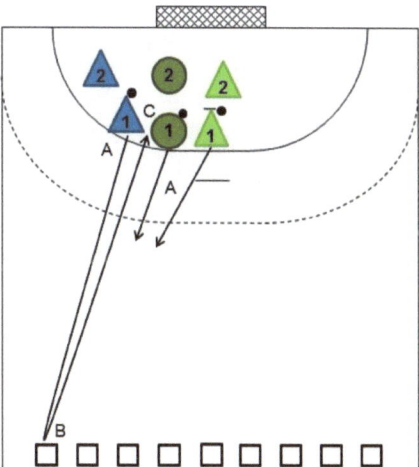

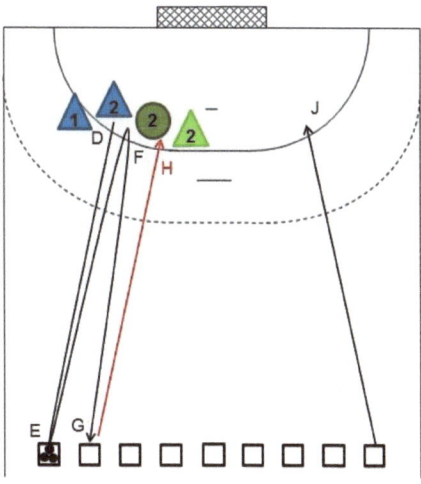

⚠ Die Übung ist sehr intensiv.

⚠ Fällt ein Ball aus der Kiste heraus, muss dieser zuerst wieder hineingelegt werden, bevor es weitergeht. Fällt bei der eigenen Aktion ein anderer Ball aus der Kiste, muss auch dieser zuerst wieder zurückgelegt werden.

⚠ Die Spieler sollen gerade bei den ersten 1-3 Kisten, wo noch deutlich „Verkehr" bei den Kisten sein wird, mit fairen Mitteln um die Position kämpfen.

| Nr. 15 | Sprintwettkampf mit Spielkarten | 6 | ★★ |
|---|---|---|---|
| **Themengruppe:** | Sprintwettkämpfe | | |
| **Benötigt:** | Stoppuhr, großer Turnkasten, Kartenspiel, 10 Hütchen | | |

**Vorbereitung:**
- Karten verdeckt herum auf den Kasten legen
- Die Laufwege der umgedrehten Karten definieren (Karo, Herz, Pik und Kreuz)

**Ablauf:**
- 1 und 2 starten auf Kommando gleichzeitig und sprinten zum Kasten an der Mittellinie (A).
- Sie drehen dort jeweils eine Karte um und sprinten abhängig von der umgedrehten Karte um die aufgestellten Hütchen (z.B.: Kreuz = um das erste Hütchen, Pik = um das zweite Hütchen usw.) herum zurück (B).
- Danach ist der nächste Spieler dran, bis alle Spieler einmal (zweimal) an der Reihe waren.

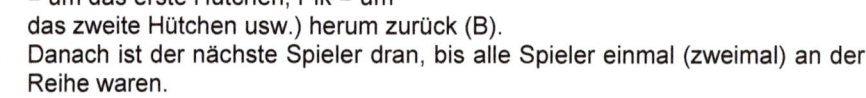

Die Verlierermannschaft muss z.B. Liegestützen oder Sit-ups ausführen.

**Variationen:**
- Alle Karten im Vorfeld gleichmäßig unter den beiden Mannschaften verteilen. Sie sollen selbst bestimmen, welcher Spieler den kurzen bzw. langen Weg laufen soll (Taktik). Eine Karte wird vom Spieler zum Kasten getragen, dort abgelegt und abhängig vom „Kartenwert" läuft der Spieler um die Hütchen zurück usw.

⚠ Läuft ein Spieler falsch, muss er zurück und durch das richtige Hütchentor laufen.

## 4. Koordination

| Nr. 16 | Zahlenreaktionssprint | 8 | ★ |
|---|---|---|---|
| **Themengruppe:** | Koordination | | |
| **Benötigt:** | 10 Hütchen | | |

### Ablauf 1 (Bild 1):

- 1 und 2 laufen gleichzeitig in lockerem Tempo los, nachdem der Trainer laut eine Zahl gerufen hat (in diesem Beispiel die Zahl 4).
- 1 und 2 laufen zum 4. Hütchen in ihrer Reihe, berühren es leicht (A), laufen danach beide in die Mitte, klatschen sich mit beiden Händen ab (B) und laufen wieder zurück (C).

### Ablauf 2 (Bild 2):

- Dieses Mal wird der Ablauf als Sprint ausgeführt. Der Spieler, der am Ende wieder zuerst über die Startlinie läuft, hat gewonnen; der Verlierer muss eine Aufgabe machen (z. B. 3 Liegestützen).
- 1 und 2 laufen wieder gleichzeitig los, nachdem der Trainer eine Zahl gerufen hat (in diesem Beispiel die Zahl 24). Die Zehnerzahl wird dabei jeweils in der eigenen Reihe angelaufen (D), die Einerzahl auf der anderen Seite (E) und wieder zurück (F).

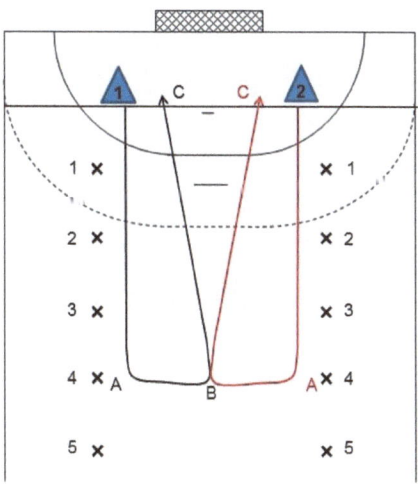

Bild 1

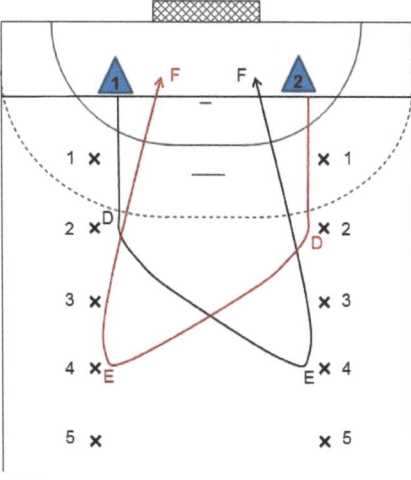

Bild 2

## Ablauf 3 (Bild 3):

- 1️⃣ und 2️⃣ laufen wieder gleichzeitig los, nachdem der Trainer eine Zahl gerufen hat (in diesem Beispiel die Zahl 325). Die Hunderterzahl wird dabei jeweils in der eigenen Reihe angelaufen (G), die Zehnerzahl auf der anderen Seite (H), die Einerzahl in der eigenen Reihe (J) und wieder zurück (K).

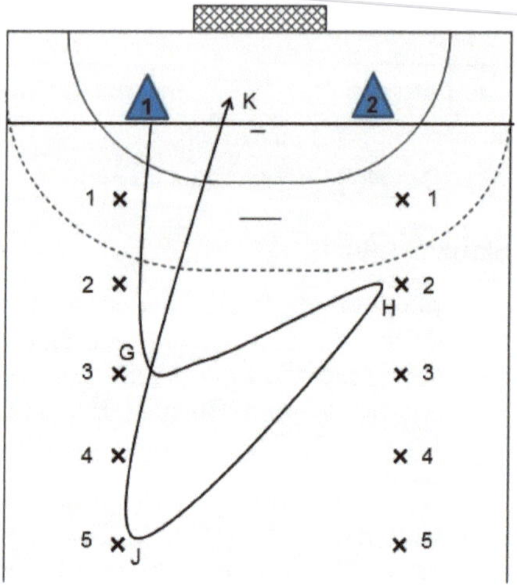

⚠️ Die Zahlen müssen laut und deutlich gerufen werden.

⚠️ Das Treffen der Spieler bei Ablauf 2 und 3 in der Mitte ist gewünscht; sie sollen um den Weg zum nächsten Hütchen kämpfen.

Bild 3

Von **A** wie Aufwärmen bis **Z** wie Zielspiel
75 Übungsformen für jedes Handballtraining

| Nr. 17 | | Reaktionskoordination | 8 | ⭐ |
|---|---|---|---|---|
| **Themengruppe:** | | Koordination | | |
| | **Benötigt:** | 3 kleine Turnkisten, 4 Hütchen, 1 Pfeife | | |

## Ablauf:

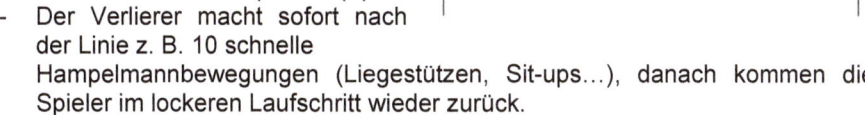

- 1, 2 und 3 stellen sich jeweils auf die kleine Turnkiste.
- Auf Pfiff von (T) (A) springen sie sofort geradeaus vor die Kiste auf den Boden (B).
- Beim Herunterspringen, unmittelbar nach dem Pfiff, hebt (T) eine Hand (hier im Beispiel die rechte Hand (C)). Das ist für 1, 2 und 3 das Signal, welches Hütchen sie umlaufen müssen (D), bevor sie bis zur vorher definierten Ziellinie sprinten (E).
- Der Verlierer macht sofort nach der Linie z. B. 10 schnelle Hampelmannbewegungen (Liegestützen, Sit-ups…), danach kommen die Spieler im lockeren Laufschritt wieder zurück.
- Danach wiederholt sich der Ablauf mit 4, 5 und 6 usw.

## Variationen:

- Hebt (T) die rechte Hand, müssen die Spieler spiegelverkehrt laufen, also nicht nach rechts um das Hütchen, sondern nach links.
- Hebt (T) die rechte Hand, müssen die Spieler spiegelverkehrt laufen, also nicht nach rechts um das Hütchen, sondern nach links, pfeift (T) allerdings beim Arm heben ein zweites Mal, dreht es sich wieder herum und die Spieler müssen, wie ursprünglich, rechts um das Hütchen laufen.

⚠️ (T) muss frühzeitig das Signal (Arm heben/Pfeifen) geben, damit die Spieler ausreichend Zeit haben, darauf reagieren zu können.

| Nr. 18 | Laufkoordination mit einer Abwehraktion | 8 | ★ |
|---|---|---|---|
| **Themengruppe:** | Koordination | | |
| **Benötigt:** | 1 Koordinationsleiter, 9 Turnreifen, 10 Hütchen | | |

**Ablauf:**

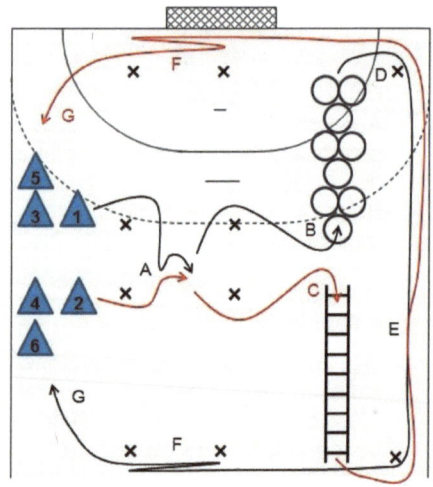

- ▲1 und ▲2 starten gleichzeitig.
- ▲1 macht eine 1gg1-Aktion gegen ▲2, wobei ▲2 das Durchbrechen von ▲1 durch die Hütchen verhindern soll und ihn zur Seite abdrängt (A).
- Danach umlaufen ▲1 und ▲2 das Hütchen.
- ▲1 durchläuft die Reifenbahn mit je einem Fußkontakt je Reifen und so schnell wie möglich (B).
- ▲2 durchläuft die Koordinationsleiter mit je zwei Kontakten (links und rechts) je Zwischenraum (C).
- Danach umlaufen ▲1 und ▲2 das Hütchen, ziehen einen Sprint an und klatschen sich dabei ab (D und E).
- ▲1 und ▲2 umrunden das Hütchen und laufen locker zum nächsten Hütchen. Dort sprinten sie an bis zum 2. Hütchen (F), rückwärts zurück zum 1. Hütchen und sprinten dann noch mal ein paar Meter bevor sie sich wieder anstellen (G).
- ▲3 und ▲4 starten etwas zeitversetzt mit dem gleichen Ablauf, sodass sich die Spieler nicht in die Quere kommen.
- Usw.

| Nr. 19 | | Laufkoordination | 8 | ★★ |
|---|---|---|---|---|
| **Themengruppe:** | | Koordination | | |
| **Benötigt:** | | 1 Koordinationsleiter, 2 Hürden, 5 Hütchen, 1 Ball je Spieler | | |

### Ablauf 1:

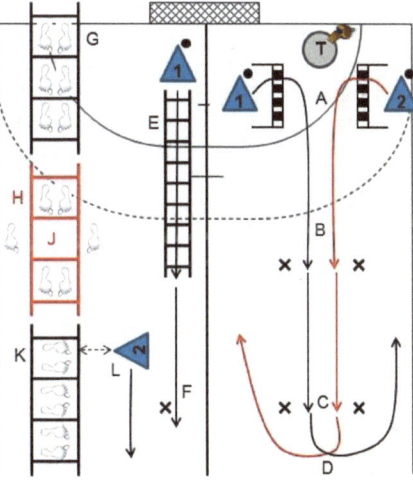

- 1 und 2 stellen sich mit Ball beidbeinig stehend vor die Hürde (Blickrichtung zueinander).
- Auf Pfiff starten 1 und 2 gleichzeitig, überspringen die Hürde (A) und laufen in der Seitwärtsbewegung (Blickrichtung zueinander) zum ersten Hütchen; der Ball wird dabei mit beiden Händen über dem Kopf gehalten (B).
- Beim Hütchen angekommen, drehen sich beide Spieler nach vorne und sprinten (prellend) weiter bis zum zweiten Hütchen. Der Verlierer macht danach sofort fünf schnelle Hampelmannbewegungen und beide Spieler stellen sich für den nächsten Durchgang auf der anderen Seite wieder an (D).
- Jeder Spieler wiederholt den Ablauf insgesamt dreimal auf jeder Seite.

### Danach startet Ablauf 2:

- 1 startet mit Ball und durchläuft die Koordinationsleiter (E) nach folgenden Vorgaben:
  - Mit je einem Kontakt je Fuß (links und rechts) je Zwischenraum, so schnell wie möglich durch die Koordinationsleiter laufen (G) und dabei den Ball um die Hüfte kreisen lassen
- Am Ende der Koordinationsleiter angekommen, sprintet 1 mit dem Ball prellend bis zum Hütchen (F) und kommt dann im langsamen Trab wieder zurück.
- Jeden Ablauf zweimal wiederholen

### Weitere Vorgaben für die nächsten Durchgänge:
  - In der Hampelmannbewegung durch die Koordinationsleiter springen (H); wenn die Arme dabei in der Sprungbewegung nach oben geführt werden (J), wird der Ball jeweils in die andere Hand übergeben usw.
  - Seitwärts durch die Koordinationsleiter mit je einem Kontakt je Fuß je Zwischenraum laufen (K) und dabei den Ball mit einem Mitspieler fortlaufend hin und her passen (L)

| Nr. 20 | Ballkoordination mit fünf Bällen | 2 | ★★★ |
|---|---|---|---|
| **Themengruppe:** | Koordination | | |
| **Benötigt:** | 5 Handbälle | | |

**Ablauf:**
- Bild 1: Der rechte Spieler wirft 2 Bälle leicht hoch und passt einen weiteren Ball als Druckpass (Pfeil) mit beiden Händen zu seinem Gegenüber. Der linke Spieler wirft, kurz bevor der Druckpass bei ihm ist, seine beiden Bälle (Pfeil) nach oben.
- Bild 2: Der linke Spieler fängt den Druckpass, passt ihn sofort wieder zum rechten Spieler zurück (Bild 3) und fängt danach die beiden Bälle, die von oben kommen.
- Der rechte Spieler wirft nun seine beiden Bälle nach oben, fängt den Druckpass (Bild 4) und passt ihn sofort wieder zurück, um dann seine Bälle, die von oben kommen, zu fangen.

⚠ Beide Spieler sollen während der Ausführung ruhig auf beiden Beinen stehen, ohne die Füße zu bewegen.

(Bild 1)

(Bild 2)

(Bild 3)

(Bild 4)

## 5. Ballgewöhnung

| Nr. 21 | Passen und Laufen nach Signal | 4 | ⭐ |
|---|---|---|---|
| **Themengruppe:** | Ballgewöhnung | | |
| **Benötigt:** | Je 2 Spieler 1 Ball | | |

**Aufbau:**
- Die Spieler stellen sich wie in der Grafik abgebildet immer paarweise mit Ball gegenüber auf.

**Ablaufe:**

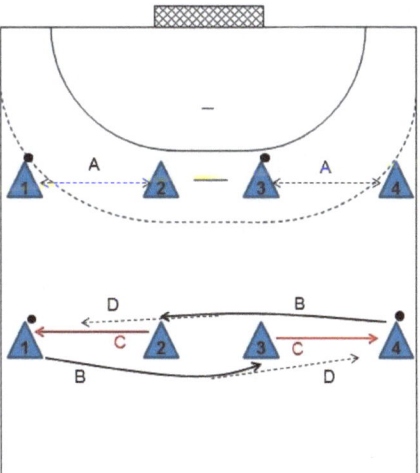

- 1 und 2 passen sich einen Ball in der Bewegung zu, genauso 3 und 4 (A).
- Auf Kommando des Trainers starten die jeweils äußeren Spieler (1 und 4) dynamisch in die Vorwärtsbewegung und prellen auf die andere Seite (B).
- 2 und 3 nehmen sofort die Positionen von 1 und 4 ein (C).
- In der Vorwärtsbewegung spielen 1 und 4 den Ball zu 2 und 3 und nehmen deren vorherige Positionen ein.
- Danach spielen sich 2 und 4 (1 und 3) den Ball wieder in der Stoßbewegung zu (A).

⚠️ Die jeweils äußeren Spieler sollen beim Kommando von Aktion zu Aktion (Kommando des Trainers) immer dynamischer in die Vorwärtsbewegung gehen.

| Nr. 22 | Passen und Fangen in der 2er Gruppe über die ganze Halle | 6 | ★ |
|---|---|---|---|
| **Themengruppe:** | Ballgewöhnung | | |
| **Benötigt:** | Je 2 Spieler 1 Ball, 10 Hütchen | | |

**Ablauf 1 (Bild 1):**

- 1 und 2 starten gemeinsam mit Ball, laufen außen an den Hütchen entlang und passen sich dabei einen Ball zu (A).
- Am Ende der Hütchenreihe biegen 1 und 2 ab (B und C), gehen enger zusammen und passen sich den Ball weiter zu (D). Dabei die Passvarianten ständig wechseln (hinter dem Rücken/über dem Kopf passen, zwischen den Beinen hindurch usw.)
- Danach wechseln sie die Position und stellen sich wieder an (E).
- Der Ablauf wiederholt sich 3-4 Mal.

**Variation:**
- Sprungwurfpass (A)

**Ablauf 2 (Bild 2):**

- 1 spielt 2 den Ball unmittelbar vor dem Hütchen in den Lauf (F).
- 2 macht mit Ball eine deutliche Laufbewegung neben das Hütchen (G), geht in Wurfauslage (mit dem Wurfarm ausholen) und macht dabei einen deutlichen Stemmschritt.
- Danach prellt 2 dynamisch seitlich um das Hütchen herum und passt den Ball zurück zu 1 (H).
- Der Ablauf wiederholt sich bei den weiteren Hütchen.
- Am Ende der Hütchenreihe biegen 1 und 2 wieder ab (B und C), gehen enger zusammen und passen sich den Ball weiter zu (D), wie in Ablauf 1.
- Der Ablauf wiederholt sich 3-4 Mal.

**Variation:**
- Sprungwurfpass (H)

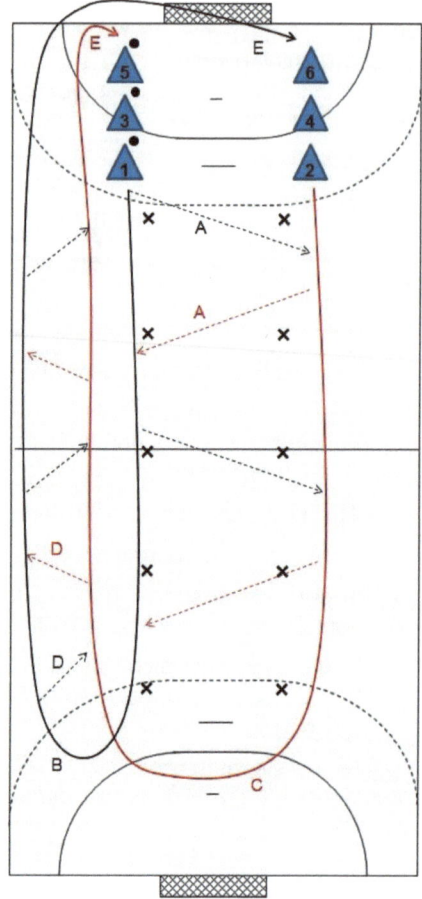

Bild 1

## Ablauf 3 (Bild 3):

- ▲1 und ▲2 starten gemeinsam mit Ball, durchlaufen die Hütchenreihe im Slalom und passen sich dabei den Ball zu (J und K).
- Der Abstand zwischen ▲1 und ▲2 soll dabei immer gleich bleiben. ▲2 muss weit nach außen laufen und den Abstand zu ▲1 halten.

⚠ Nach dem ersten Hütchen muss ▲1 mit deutlicher Temposteigerung weit nach außen laufen (M), damit der Abstand weiterhin gleich bleibt, wenn ▲2 um das Hütchen läuft (L).

- Der Ablauf wiederholt sich bei den weiteren Hütchen.
- Am Ende der Hütchenreihe biegen ▲1 und ▲2 wieder ab (B und C), gehen enger zusammen und passen sich den Ball weiter zu (D), wie in Ablauf 1.
- Der Ablauf wiederholt sich 3-4 Mal.

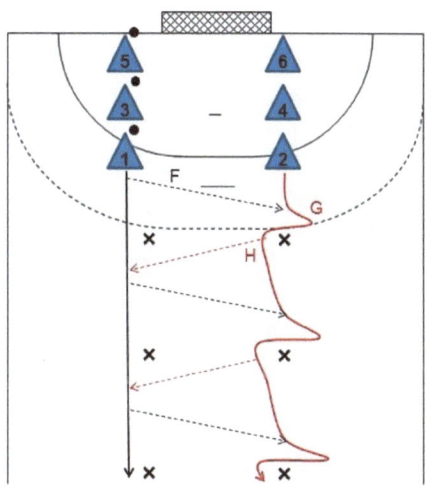
Bild 2

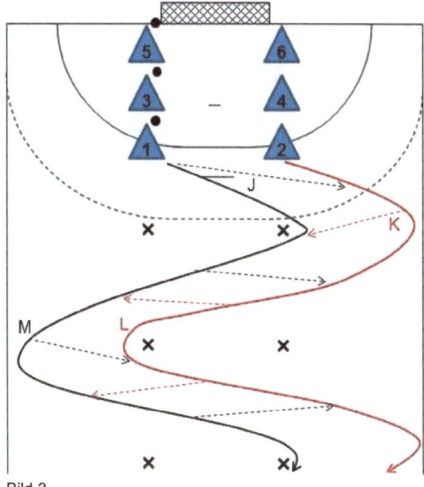
Bild 3

| Nr. 23 | Dynamische Stoßbewegung in der Gruppe | 8 | ★★ |
|---|---|---|---|
| **Themengruppe:** | Ballgewöhnung | | |
| **Benötigt:** | 1 Ball je Spieler, 4 Hütchen | | |

**Ablauf 1:**

- 1 stößt mit Ball dynamisch nach vorne (A) und passt 3 den Ball in die Stoßbewegung (B).
- Nach dem Pass (A) lässt sich 1 sofort rückwärts zurück fallen und stellt sich hinter 5 wieder an (C).
- 3 stößt ebenfalls dynamisch nach vorne und passt den Ball zu 5 (D) usw.
- 4 startet zeitgleich zu 1 mit dem gleichen Ablauf (E).

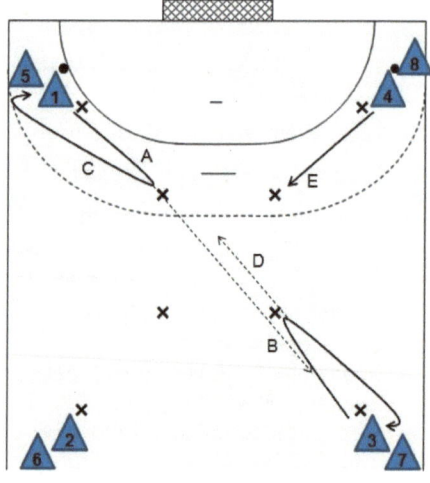

**Ablauf 2:**

- 2 läuft dynamisch nach vorne und bekommt von 1 den Ball in den Lauf gespielt (F).
- 2 stößt mit Ball (ohne nach der Ballaufnahme zu prellen) links neben das Hütchen und stemmt ein (G), umprellt dynamisch das Hütchen, stößt wieder nach vorne (H) und passt 3 den Ball in die Stoßbewegung (J).
- 3 wiederholt den Ablauf und passt zu 4 (K).
- Usw.

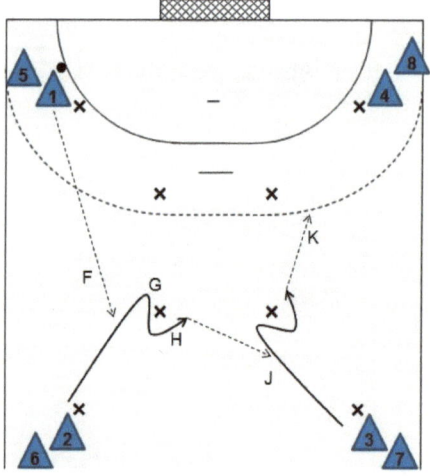

⚠ Die Stoßbewegung (A und B) zum Hütchen soll dynamisch erfolgen und der Pass (B und D) mit einem Stemmschritt eingeleitet werden.

| Nr. 24 | **Lauftäuschung mit anschließendem Fangen und Passen im vollen Lauf** | 8 | ★★ |
|---|---|---|---|
| **Themengruppe:** | Ballgewöhnung | | |
| **Benötigt:** | 1 Ball (2 Bälle), 8 Hütchen | | |

## Ablauf:

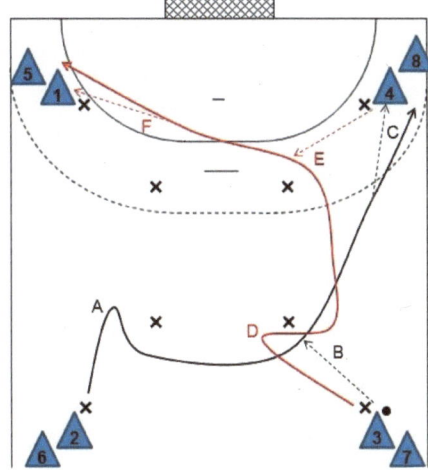

- 2 startet ohne Ball, macht eine dynamische Lauftäuschung nach links (A), läuft dann entgegen und bekommt von 3 den Ball in die Laufbewegung gespielt (B).
- 2 passt den Ball zu 4 und stellt sich dahinter wieder an (C).
- Nach seinem Pass zu 2 (B) startet 3 sofort, macht die dynamische Lauftäuschung nach links (D), läuft dann entgegen und bekommt von 4 den Ball in die Laufbewegung gespielt (E).
- 3 passt den Ball zu 1 und stellt sich dahinter wieder an (F).
- Nach dem Pass (E) startet 4 mit dem gleichen Ablauf usw.

## Variation:

- Den Ablauf mit zwei Bällen gleichzeitig starten, 1 und 3 haben dazu je einen Ball und 2 und 4 starten mit der Lauftäuschung usw.
- Linksherum laufen

⚠ Das Tempo im Laufe der Übung immer weiter steigern

Von **A** wie Aufwärmen bis **Z** wie Zielspiel
75 Übungsformen für jedes Handballtraining

handball-uebungen.de

| Nr. 25 | Passen und Fangen über die ganze Halle mit Torhüter | 9 | ★★ |
|---|---|---|---|
| **Themengruppe:** | Ballgewöhnung | | |
| **Benötigt:** | 1 Ball je Spieler, 2 Hütchen | | |

**Ablauf:**

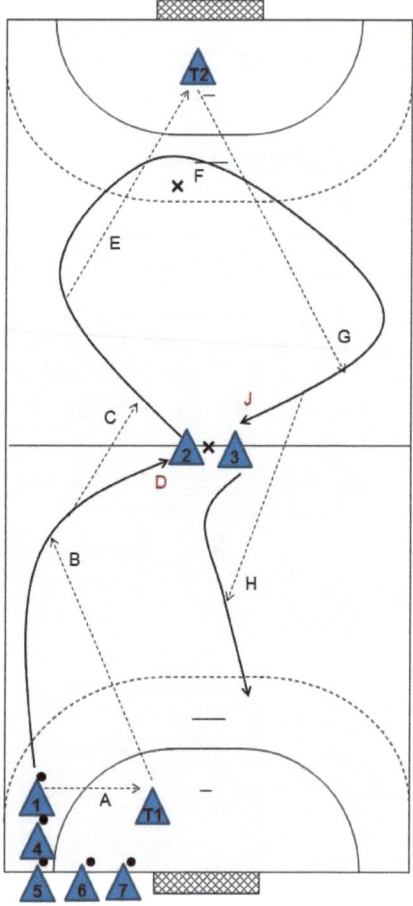

- 1 spielt den Ball zu T1 (A) und startet dynamisch in die Vorwärtsbewegung.
- T1 spielt 1 den Ball wieder in die Laufbewegung (B).
- 2 startet dynamisch und bekommt von 1 den Ball in den Lauf gespielt (C).
- 1 stellt sich nach dem Pass an die Mittellinie (D).
- 2 spielt den Ball aus der Laufbewegung zu T2 (E), umläuft das Hütchen (F) und bekommt den Ball von T2 wieder in den Lauf gespielt (G).
- 3 startet und bekommt von 2 den Ball in den Lauf gespielt (H).
- 2 stellt sich nach dem Pass an die Mittellinie (J).
- 3 stellt sich nach dem Ablauf wieder an.
- Etwas zeitversetzt startet 4 mit dem gleichen Ablauf. Den Start so abstimmen, dass die Spieler an der Mittellinie nur kurz warten müssen, bevor der nächste Pass kommt (C und G).

⚠ Die Spieler sollen ihre Laufbewegung in vollem Tempo absolvieren und den gefangenen Ball so schnell wie möglich weiterspielen.

## 6. Torhüter einwerfen

| Nr. 26 | Laufübung mit anschließendem Wurf | 8 | ★ |
|---|---|---|---|
| **Themengruppe:** | Torhüter einwerfen | | |
| **Benötigt:** | 3 Hütchen, jeder Spieler mit 1 Ball | | |

### Ablauf:

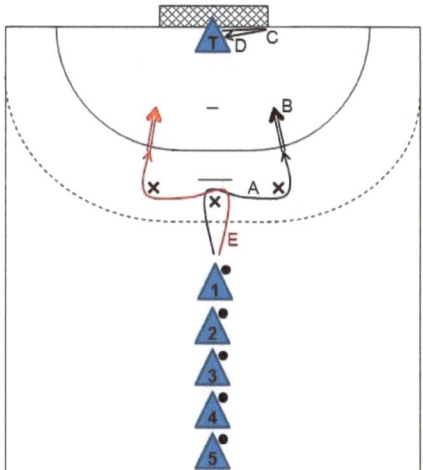

- 1 läuft mit Ball an und umläuft dynamisch die beiden Hütchen (A).
- Nach dem zweiten Hütchen läuft 1 mit hohem Tempo Richtung Tor und wirft nach Vorgabe (hoch, halb, tief) nach rechts auf das Tor (B).
- T reagiert aus der Mitte des Tors und versucht, den von 1 geworfenen Ball (B) zu halten (C). Danach geht T zurück in die Grundstellung in der Mitte des Tors (D).
- Sobald 1 um das erste Hütchen gelaufen ist, startet 2 mit dem gleichen Ablauf und wirft nach Vorgabe nach links auf das Tor (E).
- Usw., bis alle Spieler einmal geworfen haben.

⚠ Die Angreifer sollen das Anlaufen und Werfen so abstimmen, dass für T eine Wurfserie entsteht und er immer aus der Mitte des Tors heraus agieren kann.

| Nr. 27 | Einwerfen von zwei Positionen | 8 | ★★ |
|---|---|---|---|
| **Themengruppe:** | Torhüter einwerfen | | |
| **Benötigt:** | 1 Ball je Spieler, Schaumstoffbalken zur Markierung der Außenposition | | |

**Ablauf:**

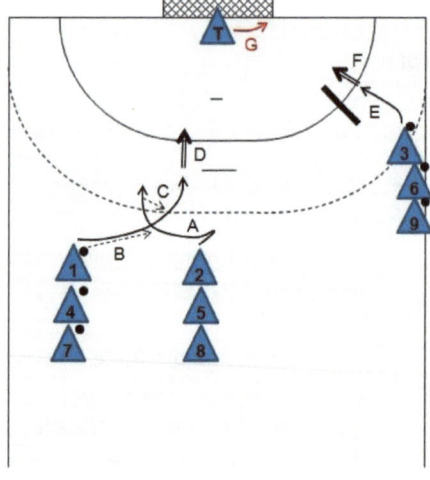

- 2 startet in eine Kreuzbewegung (A) und bekommt von 1 den Ball in den Lauf gepasst (B).
- 1 nimmt die Kreuzung an, bekommt von 2 den Ball (C) und wirft nach Vorgabe (hoch, tief, frei) nach links (D).
- Gleich nach dem Wurf startet 3 zum Tor (E) und wirft von Außen (F).
- Der Torhüter läuft sofort nach dem Wurf von 1 nach außen und hält den dort geworfenen Ball (G).
- Danach startet der Ablauf wieder mit dem Kreuzen.
- 1 stellt sich auf Außen an, 3 hinter 8 und 2 hinter 7.
- Nach einigen Durchgängen die Seiten tauschen und von rechts starten

⚠ Der Wurf von Außen soll so zügig erfolgen, dass der Torhüter ihn halten kann, sich dafür aber schnell nach dem Wurf von der Halbposition positionieren muss.

Von A wie Aufwärmen bis Z wie Zielspiel
75 Übungsformen für jedes Handballtraining

| Nr. 28 | Dynamisches Einwerfen mit anschließender Kontereinleitung | 8 | ★★ |
|---|---|---|---|
| **Themengruppe:** | Torhüter einwerfen | | |
| **Benötigt:** | Je Spieler 1 Ball | | |

**Aufbau:**
- Alle Spieler stellen sich mit Ball zwischen 6- und 9-Meter-Linie auf.

**Ablauf:**
- 1 startet den Durchgang von der Außenposition. T1 steht zu Beginn etwas in die Mitte versetzt.
- 1 wirft den Ball nach links hoch (A), T1 macht einen kleinen Schritt nach rechts und hält den geworfenen Ball (B).
- 2 wirft etwas verzögert rechts hoch (C). Aber nicht in die Torecke, sondern so, dass T1 mit einem kurzen Zwischenschritt den hoch geworfenen Ball auch erreichen kann (D).
- Etwas verzögert wirft 3 wieder links hoch (E) und zum Schluss der 4er-Serie, wirft 4 rechts hoch (F).
- Nach seinem Wurf startet 4 sofort in den Konter (G).
- T1 soll nach dem 4. gehaltenen Wurf sofort einen Ball holen, in eine für den Pass optimale Position laufen (H) (diagonaler Pass) und 4 den Ball in den Lauf passen (J).
- 4 schließt mit freiem Wurf ab (K).
- Dann startet eine weitere 4er-Gruppe mit dem gleichen Ablauf auf der rechten Seite (5, 6, 7 und 8).

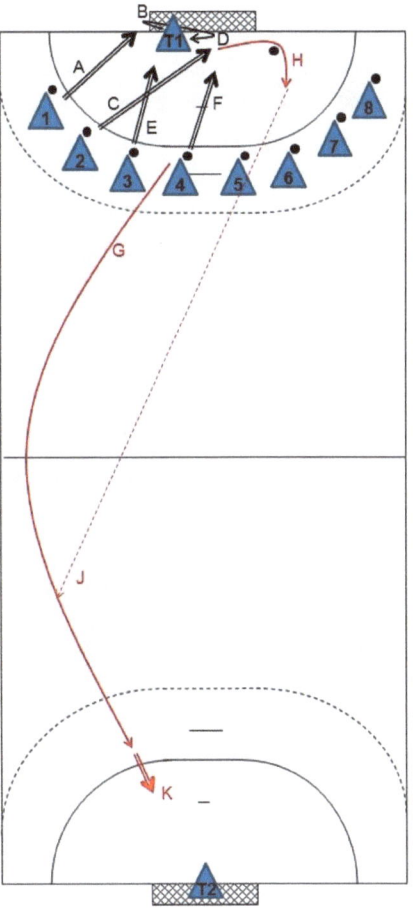

⚠ Die Spieler sollen bei der 4er-Wurfserie darauf achten, dass für T1 eine optimale Bewegung von geworfenem Ball zu geworfenem Ball möglich ist. T1 soll die Bälle mit einer „sauberen" Technik halten können.

| Nr. 29 | Einwerfen mit Abwehrübung | 8 | ★★ |
|---|---|---|---|
| **Themengruppe:** | Torhüter einwerfen | | |
| **Benötigt:** | 3 Hütchen, 1 Ball je Spieler | | |

**Ablauf:**

- 🔺1 stößt mit Ball dynamisch an (A).
- 🟢1 tritt der Stoßbewegung von 🔺1 entgegen und attackiert 🔺1 (B).
- 🔺1 spielt 🔺2 den Ball in den Lauf (C).
- Nach dem Pass zieht sich 🔺1 sofort wieder rückwärts zurück (D).
- 🔺2 geht dynamisch Richtung Tor und wirft nach Vorgabe (hoch, halb oder tief) nach links (F).
- 🔺T macht mit dem Pass von 🔺1 (C) zuerst eine dynamische Bewegung zum Pfosten (G) und geht dann in die Bewegung nach rechts, um den Ball von 🔺2 zu halten (H). Danach geht 🔺T wieder zurück in die Tormitte und wiederholt den Ablauf beim nächsten Wurf von 🔺1 von der anderen Seite, mit dem umgekehrten Laufweg.
- 🟢1 zieht sich nach der 1. Aktion (B) sofort rückwärts zum Hütchen zurück (E), geht der Stoßbewegung (K) von 🔺4 entgegen und attackiert 🔺4 (J).
- 🔺4 spielt 🔺1 den Ball in den Lauf (L), der ebenfalls mit Wurf (nach rechts) abschließt.
- Usw., bis alle Spieler geworfen haben, danach den Abwehrspieler tauschen, bis alle Spieler einmal in der Abwehr waren

**Wurfvariationen für die Angreifer:**

- Auf den kurzen Pfosten werfen (Laufbewegung für 🔺T dreht sich dann um)
- Freies Werfen ab 9 Meter. Die Angreifer sollen mit nur einem Schritt nach dem Pass (C) in den Sprungwurf gehen und bei 9 Meter werfen (F).

⚠️ Bei der Abwehrbewegung von 🟢1 auf die korrekte Ausführung achten (Fußstellung und Armführung zum Wurfarm).

⚠️ 🟢1 soll mit hoher Dynamik die Angreifer angehen und deutlich stören (gleichzeitige Schulung für die Angreifer, die unter Außeneinwirkung einen „sauberen" Ball spielen sollen).

Von **A** wie Aufwärmen bis **Z** wie Zielspiel
75 Übungsformen für jedes Handballtraining

| Nr. 30 | „Intelligentes" Einwerfen nach Vorgabe mit anschließendem Konter | 8 | ★★ |
|---|---|---|---|
| **Themengruppe:** | Torhüter einwerfen | | |
| **Benötigt:** | Je Spieler 1 Ball | | |

## Aufbau:

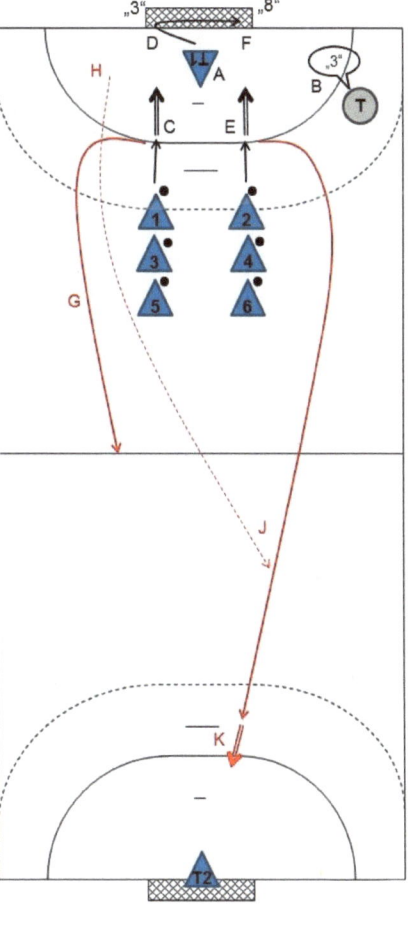

- T1 steht mit dem Rücken zu den Werfern.
- Es wird immer eine 4er-Wurfserie mit folgender Vorgabe absolviert.
  Ruft T eine ungerade Zahl:
    - 1. Werfer: li. hoch
    - 2. Werfer: re. hoch
    - 3. Werfer: li. tief
    - 4. Werfer: re. tief
- Ruft T eine gerade Zahl, dreht sich der Ablauf um:
    - 1. Werfer: re. hoch
    - 2. Werfer: li. hoch usw.
- Die Werfer müssen darauf achten, welche Zahl gerufen wird und entsprechend beginnen:
- Ungerade Zahl: 1 beginnt.
- Gerade Zahl: 2 beginnt.

## Ablauf:

- T1 macht auf der Stelle schnelle Hampelmannbewegungen (A).
- T ruft eine Zahl (hier im Beispiel „3"). Das ist das Zeichen für T1, sich sofort umzudrehen und im Tor zu positionieren, und für 1, mit der Wurfserie nach li. oben zu beginnen (C).
- T1 hält den 1. Ball li. hoch (D).
- 2 startet etwas verzögert mit seinem Wurf nach re. hoch (E).
- T1 geht in die Seitwärtsbewegung und hält den Ball (F).
- Ewas verzögert startet 3 mit seinem Wurf nach li. tief.

- Am Schluss wirft 4 nach re. tief.
- 1, 2 und 3 sprinten nach ihrem Wurf jeweils sofort zur Mittellinie (G).
- 4 startet nach seinem Wurf sofort in den Konter und bekommt von T1 den langen Ball gespielt (J) und schließt mit Torwurf ab (K).
- Danach sind die nächsten vier Spieler an der Reihe.

⚠ T1 soll vor dem langen Pass eine optimale Position einnehmen. Er soll so stehen, dass der Pass diagonal erfolgen kann (H), damit er für 4 einfacher zu fangen ist.

**Variation:**
- Aufgaben stellen für die Wurfvorgabe, z. B. „die Summe aus 5 und 8"

# 7. Angriff / Wurfserien

| Nr. 31 | Einfache Wurfserie mit Laufkoordination | 8 | ★ |
|---|---|---|---|
| **Themengruppe:** | Angriff / Wurfserien | | |
| **Benötigt:** | 6 Hütchen, Ballkiste mit ausreichend Bällen | | |

**Aufbau:**
- Mit je zwei Hütchen den Laufweg in der Acht markieren
- Zwei weitere Hütchen für den Laufweg in der Folgeaktion aufstellen (s. Bild)

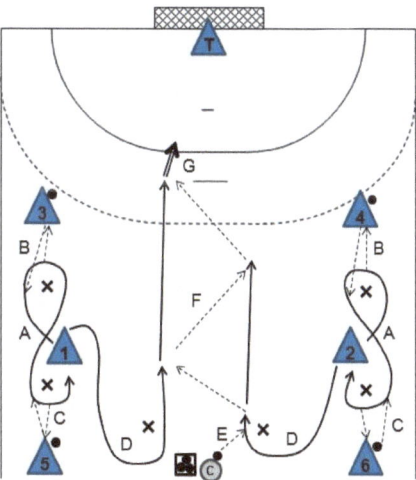

**Ablauf:**
- 1 und 2 starten gleichzeitig und laufen eine Acht um die zwei Hütchen (A).
- Dabei spielen sie abwechselnd Doppelpässe (B und C) mit den beiden Anspielern (3 und 5 bzw. 4 und 6).
- Auf Pfiff der Trainers laufen 1 und 2 ohne Ball um die hinteren Hütchen (D).
- Der Trainer passt einem der beiden Spieler den Ball (E) und 1 und 2 laufen weiter in Richtung Tor und passen sich dabei den Ball (F), bis sie mit Torwurf abschließen können (G).
- Gleich nach dem Pfiff des Trainers startet jeweils einer der beiden bisherigen Zuspieler mit dem Lauf in der Acht. Ein neuer Spieler besetzt die Zuspielerposition und der Ablauf beginnt von vorne.

⚠ Die Spieler sollen flüssig in der Acht laufen (A) und bei den Doppelpässen die Laufbewegung nicht unterbrechen.

⚠ Nach dem Kommando sollen die Spieler in höchstem Tempo um die Hütchen laufen (D) und die Pässe bis zum Torwurf spielen (E, F und G).

| Nr. 32 | Wurfserie nach Vorgabe | 8 | ★ |
|---|---|---|---|
| **Themengruppe:** | Angriff / Wurfserien | | |
| **Benötigt:** | 4 Hütchen, Ballkiste mit ausreichend Bällen, 1 kleine Turnkiste | | |

### Grundablauf:
- Immer drei Spieler machen den Ablauf nacheinander, danach wechseln.
- Die restlichen Spieler (6, 7, …) sammeln die Bälle wieder ein und versorgen den Anspieler (4) mit den Bällen (über 5).
- Die vier Ecken des Tors mit einer Zahl benennen (1 bis 4).
- In das gegenüberliegende Tor einen kleinen Turnkasten in einer der unteren Ecke des Tors als Wurfziel aufstellen.

### Ablauf:
- 1 startet ohne Ball, umläuft das Hütchen (A) und bekommt von 4 den Ball in den Lauf gespielt (C).
- Beim Umlaufen des Hütchens von 1, ruft T neben dem Tor stehend eine Zahl (hier im Beispiel „1") (B).
- Das ist das Startsignal für T. T macht aus der Tormitte heraus eine dynamische Seitwärtsbewegung zum gegenüberliegenden (zur angesagten Zahl) Pfosten, berührt diesen kurz (D), geht sofort wieder in die seitliche Gegenbewegung (F) und hält den von 1 (nach Ansage von T „1" = links hoch vom Werfer aus) geworfenen Ball (E).
- Nach dem Wurf (E), umläuft 1 sofort das nächste Hütchen (G) und bekommt von 4 den Ball in die Bewegung gespielt (H).
- Beim Umlaufen des Hütchens von 1 (G), ruft T die nächste Zahl als Wurfvorgabe.
- 1 wirft nach Vorgabe (J) und T bewegt sich wie zuvor zuerst zum gegenüberliegenden Pfosten.

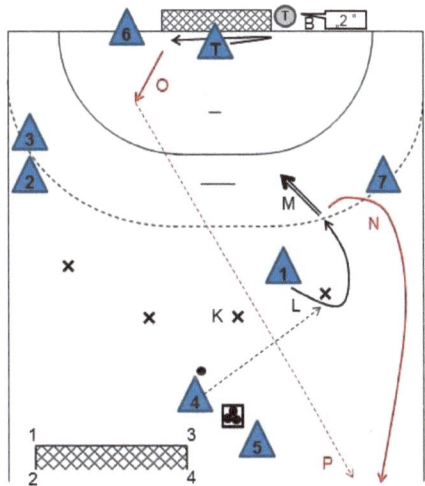

- Der Ablauf wiederholt sich für beim 3. Hütchen (K) und beim 4. Hütchen (L und M).
- Nach dem 4. Wurf startet sofort in den Konter (N).
- holt sich einen der herumliegenden Bälle (O) und passt ihn in den Lauf (P). schließt auf das gegenüberliegende Tor mit Wurf auf die kleine Turnkiste ab.

⚠ Die Ausgangsstellung für vor den einzelnen Würfen ist jeweils immer aus der Mitte des Tors heraus.

⚠ Das Zurufen der Nummern von so abstimmen, dass das Anlaufen des Pfostens und das Halten des Balls auch schaffen kann.

| Nr. 33 | Wurfserie mit erweiterter Laufkoordination | 8 | ★★ |
|---|---|---|---|
| **Themengruppe:** | Angriff / Wurfserien | | |
| **Benötigt:** | 2 Koordinationsleitern, 2 Hütchen, Ballkiste mit ausreichend Bällen | | |

**Aufbau:**
- Zwei Koordinationsleitern parallel auslegen, zwei Hütchen links und rechts wie abgebildet aufstellen
- Der Trainer positioniert sich am Rand mit einer Ballkiste mit zusätzlichen Bällen.

**Ablauf:**
- 1 und 2 laufen mit Blickrichtung zueinander im Sidestep (zwei Kontakte je Zwischenraum) durch die Koordinationsleiter (A) und passen sich dabei einen Ball (B, C).
- Am Ende der Koordinationsleiter wird die Richtung gewechselt und wieder in die andere Richtung gelaufen.

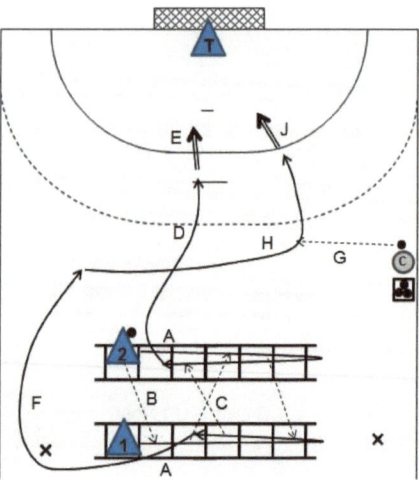

- Auf Kommando „HOP" des Trainers startet der Ballhalter (hier 2) in Richtung Tor (D) und wirft (E).
- Der Spieler ohne Ball (1) umläuft eines der beiden Hütchen (F).
- Der Trainer rollt einen zweiten Ball ins Feld (G), 1 nimmt diesen auf (H), geht in Richtung Tor und wirft (J).
- Nach dem Kommando „HOP" für 1 und 2 starten sofort die nächsten beiden Spieler mit den Pässen in der Koordinationsleiter.

⚠ Die Spieler sollen beim Kommando sofort reagieren und mit der jeweiligen Folgeaktion starten.

Von **A** wie Aufwärmen bis **Z** wie Zielspiel
75 Übungsformen für jedes Handballtraining

| Nr. 34 | Komplexe Wurfserie von allen Positionen | 8 | ★★★ |
|---|---|---|---|
| **Themengruppe:** | Angriff / Wurfserien | | |
| **Benötigt:** | 4 Hütchen, Ballkiste mit ausreichend Bällen | | |

## Grundablauf:
- Die einzelnen Würfe sollen zeitlich dicht aufeinander ausgeführt werden.
- Je ein Abwehrspieler je Mittelsektor (am besten einen Rückraumspieler/Kreisläufer, die sich regelmäßig abwechseln).
- Es werfen immer alle Spieler auf einer Position, in folgender Reihenfolge: LA, Kreis links, RL, Kreis rechts, RR, RA.
- Die Kreisläufer sollen den Ablauf jeweils auf beiden Seiten durchführen.

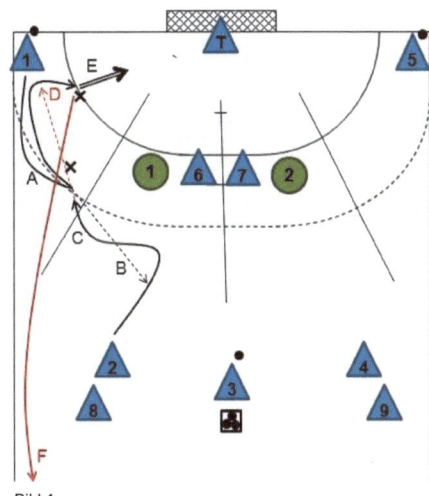

Bild 1

## Ablauf auf Außen (Bild 1):
- 1 stößt von Außen im Bogen an (A) und spielt 2 den Ball in die Stoßbewegung nach innen (B).
- 2 geht in die Wurfauslage (Wurftäuschung) und prellt danach dynamisch nach außen weg (C).
  ⚠ Darauf achten, dass 2 den Ball so gespielt bekommt, dass er vor der Wurftäuschung nicht prellen muss
- 2 passt 1 den Ball wieder in den Lauf (D), der sich nach seinem Auftaktpass sofort wieder nach außen zurückgezogen hat.
- 1 schließt mit Wurf ab (E), geht danach direkt in den Konter, bekommt von T den Ball in den Lauf gespielt und schließt auf dem anderen Tor mit Wurf ab (F).
- Danach startet der nächste Spieler auf LA mit dem gleichen Ablauf.

## Ablauf auf RL für den Kreisläufer (Bild 2):

- 2 bekommt den Ball von 3 in die Laufbewegung gespielt (H).
- 1 soll dieser Laufbewegung deutlich entgegentreten (G).
- 2 soll so weit nach vorne laufen, bis er 1 fast erreicht hat und den Ball dann irgendwo am Körper von 1 vorbei an den Kreis spielen (J).
- 6 löst sich von seiner Startposition in der Nähe der 7-Meter-Linie, nimmt den Ball auf und schließt mit Wurf ab (K).
- Danach wiederholt sich der Ablauf auf dieser Seite mit 7.

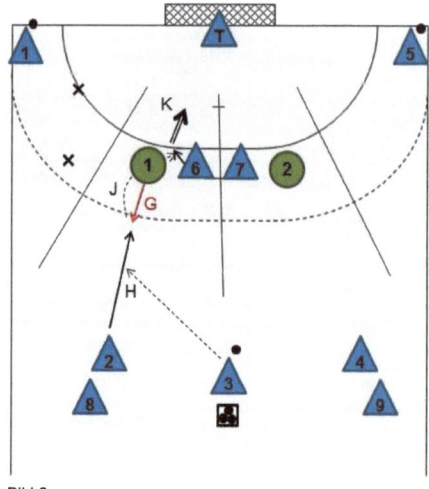

Bild 2

## Ablauf auf RL für die Rückraumspieler (Bild 3):

- 2 stößt dynamisch nach links (M) und bekommt den Ball in die Laufbewegung gespielt (L).
- 1 soll der Bewegung von 2 deutlich entgegentreten (N).
- 2 geht in die deutliche Wurfauslage (Wurftäuschung) (M).
- 6 läuft von seiner Ausgangsposition am 7-Meter mit 1 nach vorne und stellt eine Sperre nach innen (O).
- 2 läuft dynamisch (prellt) nach innen um die Sperrstellung von 6, geht danach Richtung Tor (P) und wirft bei 9-Meter aus dem Sprungwurf heraus auf das Tor (Q).
- Danach ist der nächste Rückraumspieler an der Reihe; jeder Spieler soll den Ablauf zweimal absolvieren (zwei Würfe).

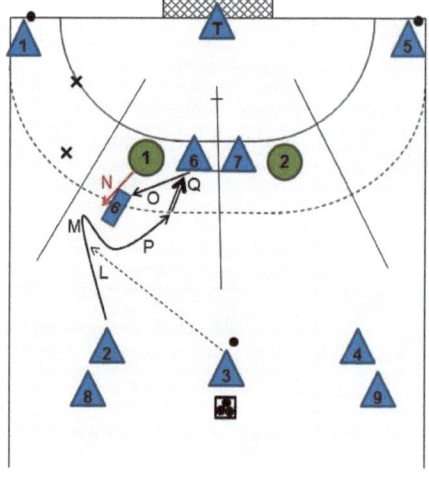

Bild 3

Danach wiederholt sich der Ablauf auf der rechten Seite.

⚠ Die Spieler im Rückraum und den Anspieler regelmäßig wechseln

⚠ Die einzelnen Abläufe sollen zügig und ohne Pause dazwischen erfolgen, sodass keine lange Wartezeit für die Spieler entsteht.

| Nr. 35 | Intensive Wurfserien mit Vorbelastung | 8 | ★★★ |
|---|---|---|---|
| **Themengruppe:** | Angriff / Wurfserien | | |
| **Benötigt:** | 6 Hürden (alternativ kleine Turnkisten), je Spieler 1 Ball | | |

## Aufbau:
- Die Hürden (alternativ kleine Turnkisten) wie im Bild gezeigt aufstellen
- Die Spieler in drei Gruppen aufteilen:
    - Zwei Werfergruppen (1, 2, 3 und 4, 5, 6)
    - Eine Kräftigungsgruppe (7, 8 und 9)

## Ablauf:
- 1 passt seinen Ball zu T (A) und überspringt dann beidbeinig die beiden Hürden, ohne dabei zwischen den Hürden einen Zwischenhüpfer zu machen (nur ein Kontakt zwischen den Hürden ist erlaubt) (B).
- 4 startet den gleichen Ablauf parallel zu 1 (J).
- Während dem Sprung über die zweite Hürde, kurz bevor 1 wieder landet, bekommt 1 den Ball wieder von T zurückgepasst (C) und soll dabei auch beidbeinig landen.
- 1 startet jetzt ohne zu prellen (innerhalb der 3-Schritt Regel) Richtung Tor und wirft aus dem Sprungwurf heraus (D).
- Nach dem Wurf überspringt 1 zuerst sofort beidbeinig die Hürde (E), läuft dynamisch in den Konter, bekommt von T1 den langen Ball gespielt (G) und schließt auf der anderen Seite mit Wurf ab (H).
- T1 soll dabei für den langen Pass die optimale Passposition (diagonal) einnehmen (F).

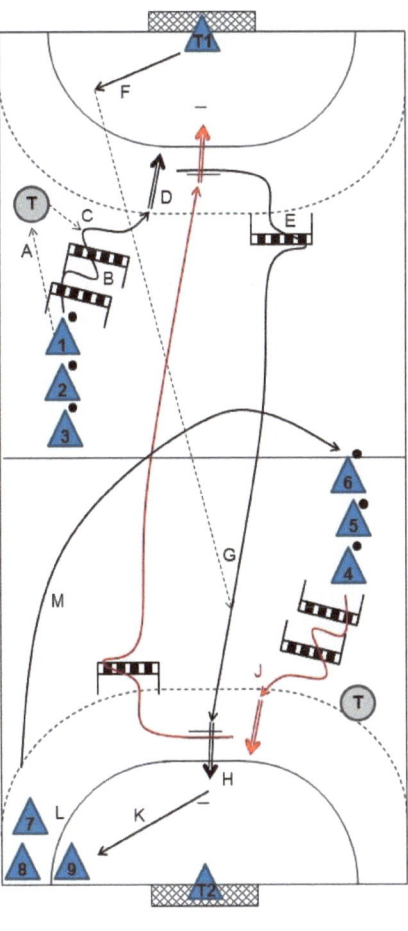

- Nach seinem Wurf geht ▲1 zur Kräftigungsgruppe an den Rand (K) und macht immer im Wechsel 10 Liegestützen und 10 Sit-ups; dafür steht ▲7 auf und stellt sich an der 1. Werfergruppe an (M).
- ▲4 stellt sich nach seinem Wurf hinter ▲3 wieder an.
- Usw. bis jeder Werfer jede Station 10-15 Mal absolviert hat.

⚠ Die Höhe der Hürden dem Leistungsniveau anpassen. Sie soll beidbeinig übersprungen werden können.

⚠ Beide Werfergruppen müssen gleichzeitig anfangen, damit beide Torhüter für den Wurf nach dem Konter Zeit haben, sich richtig zu stellen.

⚠ Die Übung erfordert für alle Spieler hohe Konzentration, damit bei den Laufbewegungen keine Kollisionen entstehen.

## 8. Angriff allgemein

| Nr. 36 | Stoß- und Rückzugsbewegung mit anschließendem Wurf über Außen | 8 | ★ |
|---|---|---|---|
| **Themengruppe:** | Angriff allgemein | | |
| **Benötigt:** | 2 Hütchen, Ballkiste mit ausreichend Bällen | | |

### Ablauf:

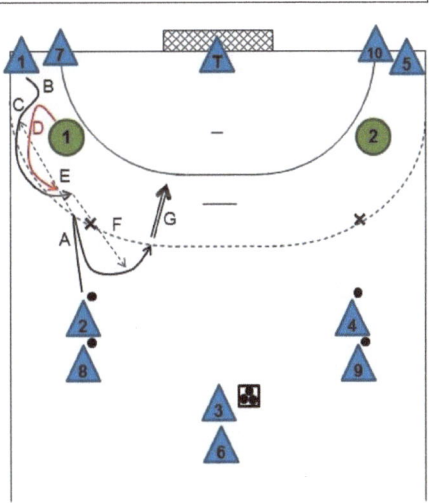

- 2 stößt mit Ball links neben das Hütchen (A) und passt den Ball in die Laufbewegung von 1 (C).
- 1 soll vor der Ballaufnahme zuerst auf Außen Richtung Tor laufen (B).
- 1 umläuft mit Ball 1 und stößt dynamisch zwischen 1 und das Hütchen (E).
- 1 begleitet die Bewegung von 1 und behindert die Stoßbewegung (D).
- 2 zieht sich nach seinem Auftaktpass (C) sofort wieder

zurück, geht in die Gegenstoßbewegung zur Mitte, bekommt von 1 den Ball gespielt (F) und wirft aus dem Sprungwurf heraus auf das Tor (G).

### Folgeaktion für den Außenspieler:

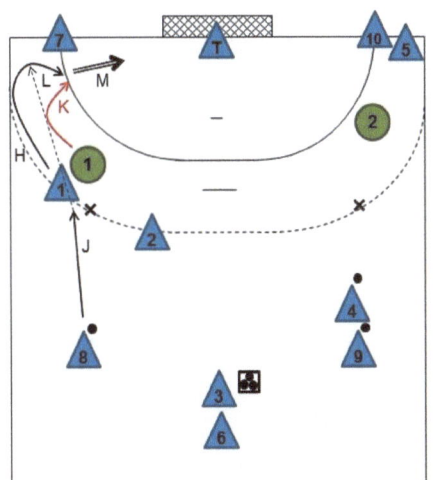

- 1 zieht sich nach seinem Pass (F) sofort wieder nach Außen zurück (H).
- 8 stößt mit Ball links neben das Hütchen (J) und passt den Ball in die Laufbewegung von 1 (L).
- 1 wirft von der Außenposition auf das Tor (M).
- 1 zieht sich ebenfalls sofort Richtung Außenposition zurück (K), lässt den Wurf von 1 zu, behindert ihn aber leicht.
- Danach wiederholt sich der Ablauf auf der anderen Seite.
- Wenn die linke Seite wieder an der Reihe ist, wiederholt sich der Ablauf mit 8 und 7.
- Danach tauschen 1, 7 und 2, 8 die Positionen, usw.

**Variationen:**

- ▲1 darf, wenn ●1 den Weg nach außen offen lässt, nach außen durchgehen (N).
- Geht ●1 in der Bewegung von ▲1 nach innen nicht konsequent mit, darf ▲1 zur Mitte durchbrechen (O).
- Entscheidungstraining für ▲1 (selbst nach außen durchgehen, selbst nach innen durchbrechen oder, wenn die beiden Optionen nicht gehen, den Ball zu ▲2 passen)

⚠️ ●1 und ●2 sollen mit zunehmender Übungsdauer den Widerstand gegen ▲1 und ▲5 erhöhen

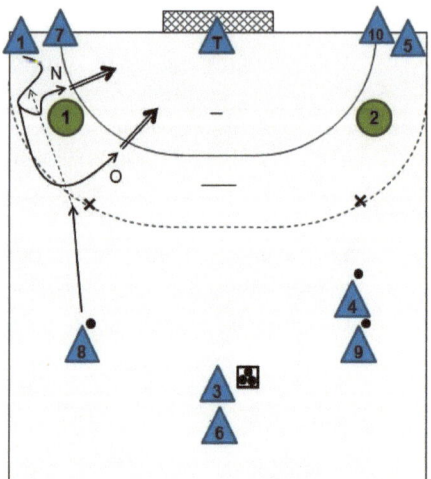

Von **A** wie Aufwärmen bis **Z** wie Zielspiel
75 Übungsformen für jedes Handballtraining

| Nr. 37 | Zusammenspiel im 2gegen2 mit Zusatzaufgaben | 6 | ★ |
|---|---|---|---|
| **Themengruppe:** | Angriff allgemein | | |
| **Benötigt:** | 1 Koordinationsleiter, 2 Schaumstoffbalken, ausreichend Bälle | | |

### Aufbau:
- Eine Koordinationsleiter an der Mittellinie auslegen, zwei Schaumstoffbalken links und rechts auslegen
- Zwei Mannschaften bilden und benennen (hier Team „blau" und Team „grün")

### Ablauf:
- Auf Kommando „HOP" des Trainers starten drei Aktionen gleichzeitig.
- 3 und 3 springen in der Koordinationsleiter immer nach links, zurück in die Mitte, dann

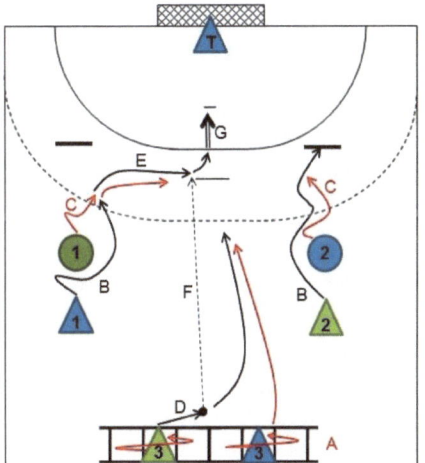

nach rechts und wieder in die Mitte usw. (A). Die beiden stehen dabei mit dem Rücken zu den anderen Spielern, damit sie deren Aktionen nicht sehen können.
- 1 versucht im 1gg1 ohne Ball an 1 vorbeizugehen (B) und mit dem Fuß den Schaumstoffbalken zu berühren; 1 wehrt dies so lange wie möglich ab (C).
- 2 versucht das gleiche gegen den Abwehrspieler der blauen Mannschaft.
- Der Spieler, der den Balken berührt, ruft laut den Namen der eigenen Mannschaft (im Bild gelingt es 2, er ruft „grün").
- Das ist das Zeichen für 3, den Ball aufzunehmen (D) und gemeinsam mit 1 im 2gg2 gegen 1 und 3 zu versuchen, ein Tor zu erzielen (E, F und G).
- Gelingt ein Tor, bekommt die grüne Mannschaft einen Punkt.
- Danach werden die drei Positionen von jeder Mannschaft neu besetzt, weitere Spieler wechseln ein und der Ablauf beginnt auf Kommando „HOP" erneut.
- Welches Team erzielt die meisten Tore?

⚠ Es spielen immer die Spieler im 2gg2, die nicht an der erfolgreichen 1gegen1-Aktion beteiligt waren (2 hat den Balken berührt, 1 und 3 spielen im 2gg2 gegen 1 und 3). Der erfolgreiche Angreifer und sein Gegenspieler greifen nicht ins Spiel auf das Tor ein.

⚠ Die Spieler sollen nach der erfolgreichen Angriffsaktion auf die Schaumstoffbalken sofort in die 2gg2 Aktion umschalten.

| Nr. 38 | Einfache Kreuzbewegung RR/RL mit dem Außenspieler mit Entscheidung | 8 | ★★ |
|---|---|---|---|
| **Themengruppe:** | Angriff allgemein | | |
| **Benötigt:** | 2 Hütchen, Ballkiste mit ausreichend Bällen | | |

**Ablauf:**

- 3 spielt 2 den Ball (A) in die Laufbewegung nach innen (das Hütchen dient dabei zur Orientierung) (B).
- 2 zieht dann mit Ball dynamisch nach Außen. 1 kommt im Bogen von Außen angelaufen (C), nimmt die Kreuzbewegung von 2 an und bekommt den Ball in den Lauf gespielt (D).
- 1 zieht mit Ball dynamisch Richtung Tor und schließt aus dem Sprungwurf heraus ab (E).
- 1 steht als defensiver Block in der Abwehr.

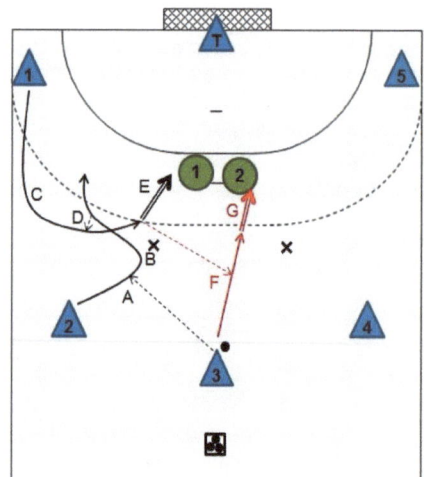

- Danach wiederholt sich der Ablauf auf der anderen Seite mit 3, 4 und 5.
- 1 und 2 tauschen nach der Aktion die Positionen.
- Usw.

**Feste Erweiterung:**

- 1 spielt nach der Kreuzbewegung den Ball 3 in die Vorwärtsbewegung (F).
- 3 wirft aus dem Sprungwurf heraus auf das Tor (G). 2 steht als defensiver Block in der Abwehr.

**Variable Erweiterung:**

- 1 entscheidet mit seiner Aktion den weiteren Ablauf für 1:
    o Bleibt 1 defensiv, wirft 1 aus dem Sprungwurf (E).
    o Tritt 1 aktiv nach vorne, erfolgt der Pass (F) zu 3 und er wirft aus dem Sprungwurf heraus (G).

⚠ 1 muss deutlich gefährlich Richtung Tor gehen, bevor der Pass zu 3 erfolgt (F).

| Nr. 39 | Einfache Kreuzbewegung RM mit dem Außenspieler und Weiterspielmöglichkeiten | 11 | ★★ |
|---|---|---|---|
| **Themengruppe:** | Angriff allgemein | | |
| **Benötigt:** | 2 Ballkisten mit ausreichend Bällen | | |

## Ablauf:

- 4 stößt mit Ball nach links an und passt 3 den Ball in den Lauf (A), der dynamisch weit nach links stößt.
- 4 geht nach seinem Pass sofort wieder zurück auf seine Ausgangsposition (D).
- 1 kommt dynamisch im Bogen von Außen angelaufen, nimmt die Kreuzbewegung von 3 an und bekommt den Ball gespielt (B).
- 2 geht im großen Bogen auf die Mitte über, läuft dynamisch Richtung Tor und bekommt von 1 den Ball in den Lauf gespielt (C).
- 4 stößt parallel mit und bekommt von 2 den Ball in den Lauf gespielt (E).
  - Bleibt 2 defensiv auf 6 Meter stehen, wirft 4 aus vollem Lauf heraus auf das Tor (F).
  - Tritt 2 offensiv auf 4 heraus (G), spielt 4 einen Bodenpass nach außen zu 5 (H), der im Bogen angelaufen kommt und mit Wurf abschließt (J).
- Danach wiederholt sich der Ablauf auf der anderen Seite.
- Usw.

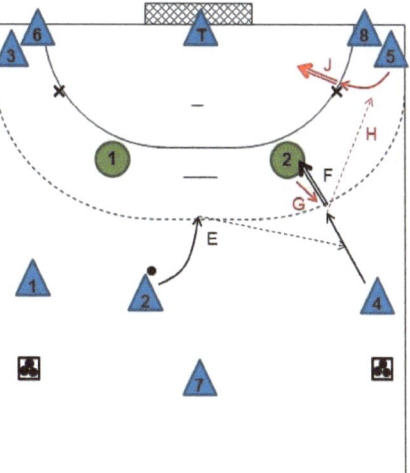

⚠ 1 und 2 sollen ihre Bewegungen immer wieder variieren und die Angreifer zu Reaktionen (Wurf oder Pass nach außen) zwingen.

| Nr. 40 | Sperre mit Absetzen auf der Halbposition – Auftakthandlung | 8 | ★★ |

**Themengruppe:** Angriff allgemein

**Benötigt:** 8 Hütchen, Ballkiste mit ausreichend Bällen

## Ablauf:

- 1 läuft dynamisch Richtung Hütchen und bekommt von 5 den Ball in den Lauf gespielt (A).
- Auf Höhe des Hütchens geht 1 in die Wurfauslage (einstemmen mit dem linken Fuß und in die Wurfauslage gehen) (B).
- 1 soll der Stoßbewegung von 1 entgegentreten (C).
- 1 umläuft 1 dynamisch und prellt dabei; 1 muss dabei eine deutliche räumliche Verlagerung erzielen (D)!
- 6 tritt heraus und sperrt die Laufbewegung (C) von 1 (E).
- 6 löst sich aus der Sperrstellung bei 1, setzt sich nach hinten an den Kreis ab (F) und bekommt von 1 den Ball Richtung Kreis gespielt (G).
- 6 schließt mit Wurf ab (H).
- Danach wiederholt sich der Ablauf auf der anderen Seite (J).

⚠️ 1 darf vor dem Einstemmen und der Wurfauslage (B) nicht prellen!

⚠️ 6 darf die Laufbewegung von 1 nur mit dem Körper sperren (E), die Arme dürfen dabei nicht eingesetzt werden (Stürmerfoul).

⚠️ Der Pass zu 6 darf nicht direkt auf den Körper gespielt werden, sondern als Bodenpass Richtung 6-Meter (G), sodass 6 den Ball in der Bewegung aufnehmen und sofort werfen kann.

Von **A** wie Aufwärmen bis **Z** wie Zielspiel
75 Übungsformen für jedes Handballtraining

| Nr. 41 | Sperre mit Absetzen auf der Halbposition – Folgeaktion | 8 | ★★ |
|---|---|---|---|
| **Themengruppe:** | Angriff allgemein | | |
| **Benötigt:** | 6 Hütchen, Ballkiste mit ausreichend Bällen | | |

**Ablauf:**

- 6 steht in der Grundstellung bei 2 in der Sperrstellung.
- 1 läuft dynamisch an und bekommt von 5 den Ball in die Laufbewegung gespielt (A).
- Links neben 1 stemmt 1 ein und geht in die deutliche Wurfauslage Richtung Tor (B).
- 1 soll dabei deutlich auf 1 heraustreten (C).
- 1 umläuft prellend 1 und geht dynamisch Richtung Tor (D).
- 6 löst sich von 2 und stellt die Sperre nach innen, in die Laufbewegung von 1 (E).

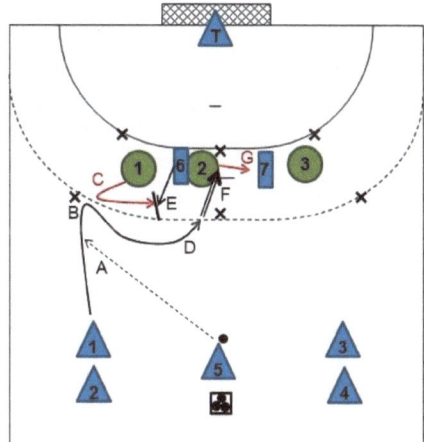

  o Bleibt 2 defensiv hinten stehen, wirft 1 aus dem Sprungwurf heraus auf das Tor (F).
  o Tritt 2 aktiv nach vorne (H), um den Wurf von 1 zu blocken (F), passt 1 den Ball als Bodenpass vorbei an 2 Richtung Kreis (J). 6 löst sich aus der Sperrstellung

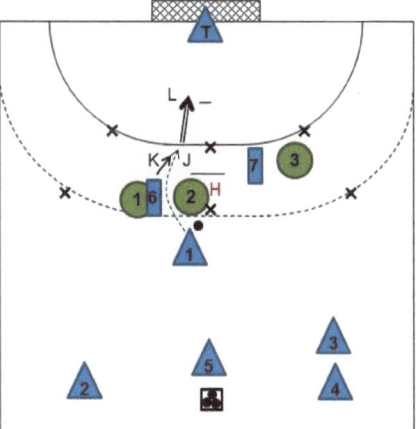

bei 1 (E), setzt sich nach hinten an den Kreis ab, läuft dem Ball hinterher (K), nimmt ihn auf und wirft auf das Tor (L).
- Danach wiederholt sich der Ablauf auf der anderen Seite, wobei 2 die Seite wechselt (G) und mit 3 zusammen die Abwehr bildet.

⚠ Tritt 1 der Bewegung von 1 nicht richtig entgegen (C), kann 1 auch links an 1 vorbei gehen oder aus dem Sprungwurf heraus ab 9 Meter werfen.

⚠ 6 darf bei der Sperrstellung (E) auf keinen Fall die Hände zur seitlichen Unterstützung benutzen (Stürmerfoul); am besten die Hände vor dem Körper überkreuzt halten.

| Nr. 42 | Eine einfache Kreuzbewegung im 3gegen3 spielen | 7 | ★★ |
|---|---|---|---|
| **Themengruppe:** | Angriff allgemein | | |
| **Benötigt:** | 6 Hütchen, Ballkiste mit ausreichend Bällen | | |

**Grundablauf:**

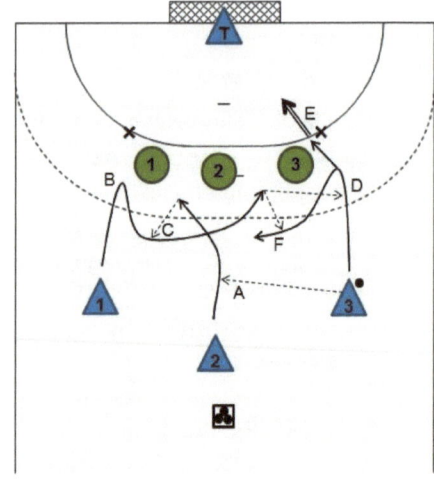

- 🔺1, 🔺2 und 🔺3 spielen im 3gegen3 gegen 🟢1, 🟢2 und 🟢3.
- Als Grundauftakt sollen immer die unten beschriebenen Kreuz- und Laufbewegungen gespielt werden, danach folgt ein freies, kreatives Weiterspielen.
- Den Abstand der Hütchen zuerst größer wählen, damit es der Angriff leichter hat; mit zunehmender Übungsdauer das Spielfeld verkleinern.

**Ablauf:**

- 🔺3 passt 🔺2 den Ball in die Laufbewegung (A).
- 🔺2 stößt dynamisch Richtung Lücke zwischen 🟢1 und 🟢2.
- 🔺1 stößt parallel links neben 🟢1 mit (B), nimmt dann die Kreuzbewegung von 🔺2 an und bekommt den Ball gepasst (C).
- 🔺1 läuft mit Ball dynamisch über die Mitte und stößt zwischen 🟢2 und 🟢3.
- 🔺3 stößt parallel nach rechts neben 🟢3 mit.
    - und kann entweder von 🔺1 in dieser Bewegung angespielt werden (D) und versuchen, durchzubrechen (E)
    - oder nimmt, wenn 🟢3 den Durchbruch nicht zulässt, die Kreuzbewegung an und bekommt von 🔺1 den Ball gepasst (F).

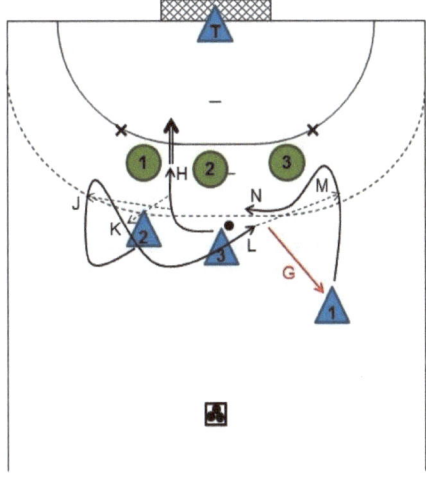

- ▲1 zieht sich nach dem Pass (F) sofort seitlich auf RR zurück (G).
- ▲3 geht mit Ball dynamisch über die Mitte und stößt zwischen ●2 und ●1 und versucht, wenn möglich, den Durchbruch (H).
- ▲2 zieht sich nach seiner Auftaktaktion sofort seitlich etwas zurück und stößt dann wieder parallel links neben ●1 mit.
- Lässt ●1 die Lücke nach außen offen (durch das Zuschieben der Lücke bei der Aktion von ▲3 (H)), bekommt ▲2 den Ball gepasst (J) und kann den Durchbruch versuchen.
- Ist ein Durchbruch nicht möglich, nimmt ▲2 die Kreuzbewegung von ▲3 an und bekommt den Ball gepasst (K).
- ▲2 geht mit Ball dynamisch über die Mitte und stößt zwischen ●2 und ●3 (L).
- ▲1 stößt parallel nach rechts neben ●3 mit
    o und kann entweder von ▲2 in dieser Bewegung angespielt werden (M) und versuchen, durchzubrechen
    o oder nimmt, wenn ●3 den Durchbruch nicht zulässt, die Kreuzbewegung an und bekommt von ▲2 den Ball gepasst (N).
- Usw.

⚠ Alle Spieler sollen immer zuerst versuchen, mit höchster Dynamik durchzubrechen. Ist das nicht möglich, dann sofort in die Kreuzbewegung gehen und mit hohem Tempo eine Spielverlagerung vornehmen

⚠ Die Abwehrspieler sollen durch klare Absprachen die Kreuzbewegungen verteidigen.

## 9. Schnelle Mitte / 1. und 2. Welle

| Nr. 43 | Schnelle Mitte | 8 | ★★ |
|---|---|---|---|
| **Themengruppe:** | Schnelle Mitte / 1. und 2. Welle | | |
| **Benötigt:** | 1 kleine Turnmatte, 2 Hütchen, jeder Spieler 1 Ball | | |

**Ablauf:**

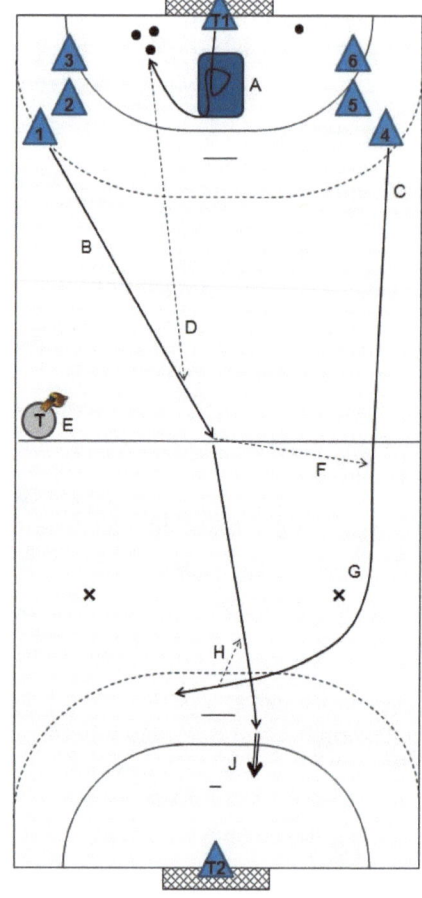

- T1 startet den Ablauf und macht einen Purzelbaum auf der dünnen Turnmatte (A).
- Das ist das Signal für 1 und 4, loszulaufen (B und C).
- 1 läuft an die Mittellinie an den Anspielpunkt und bekommt von T1 den Ball auf an Anspielpunkt gespielt (D).
- 4 soll sein Laufen so abstimmen, dass er etwas hinter 1, mit Abstand zur Mittellinie bleibt.
- Steht 1 den Regeln entsprechend richtig am Anspielpunkt, pfeift der Trainer (E).
- 4 soll nun sein Lauftempo deutlich steigern und bekommt von 1 den Ball in die Laufbewegung gespielt (F).
- 4 läuft mit Ball um das Hütchen herum (G), kreuzt danach in der Mitte mit 1 und spielt 1 den Ball in den Lauf (H).
- 1 schließt mit Wurf ab (J).
- Danach startet der gleiche Ablauf mit 2 und 5 usw.

⚠ T1 soll den Ball an den Anspielpunkt so spielen (D), dass 1 dann noch 1-2 Schritte benötigt, bis er den Fuß auf die Markierung stellen kann, um nach dem Pfiff des Trainers den Ball sofort ins Spiel bringen zu können.

⚠ 4 soll das Anlaufen zur Mittellinie so steuern, dass er nach dem Pfiff (E) aus dem vollen Lauf heraus über die Mittellinie läuft und dann den Ball bekommt (F).

Von **A** wie Aufwärmen bis **Z** wie Zielspiel
75 Übungsformen für jedes Handballtraining

| Nr. 44 | Koordinative Beinarbeit mit zwei folgenden Kontersituationen im 1gg1 | 8 | ★★ |
|---|---|---|---|
| **Themengruppe:** | Schnelle Mitte / 1. und 2. Welle | | |
| **Benötigt:** | 2 Turnreifen, jeder Spieler 1 Ball | | |

## Ablauf (Bild 1):

- ▲1 (mit Ball) und ●1 stellen sich in den Turnreifen.
- ▲1 und ●1 starten auf Kommando und springen beide jeweils einbeinig immer aus ihrem Reifen heraus und wieder hinein (A). Das wiederholen sie solange im Kreis (nach vorne, rechts, hinten, links, usw.), bis das nächste Kommando kommt.
- Jetzt versucht ▲1 prellend (B) so schnell wie möglich in den 9-Meter-Raum zu gelangen (C) und mit Wurf abzuschließen (D).
- Gelingt es ●1 dabei, ▲1 einzuholen und vor Betreten des 9-Meter-Raums zu berühren, muss ▲1 nach Ablauf z. B. 10 Liegestützen machen.
- Danach sind die nächsten zwei Spieler an der Reihe.
- Jeder Spieler wiederholt den Ablauf ca. 3-5 Mal.

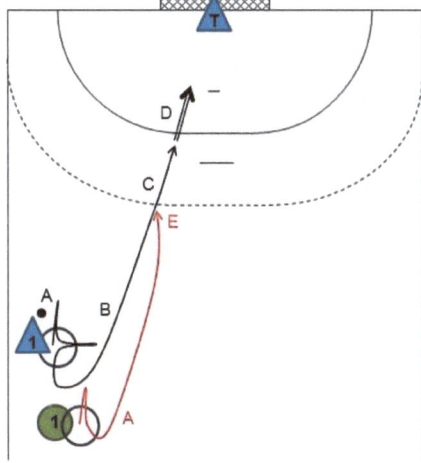
(Bild 1)

## Folgeablauf (Bild 2):

- Nach der 1. Aktion müssen beide Spieler zuerst in den 9-Meter-Raum (vor allem ●1, falls er ▲1 nicht eingeholt hat).
- Aus dem 9-Meter-Raum starten nun beide Spieler in den Konter (F) (▲1 sollte dabei einen kleinen Nachteil haben, da er ja eben erst noch selbst seine Wurfaktion (D) ausgeführt hat).
- ▲T holt nach dem Wurf so schnell wie möglich den Ball (G) (für den Fall, dass er zu weit weggerollt ist, einen Reserveball neben das Tor legen) und spielt den langen Ball zu ●1 (H).
- ●1 schließt mit Wurf auf der anderen Seite ab (nicht im Bild).
- Gelingt es dabei ▲1 im Konter ●1 vor Betreten des 9-Meter-Raums zu berühren, muss ●1 danach ebenfalls 10 Liegestützen machen.

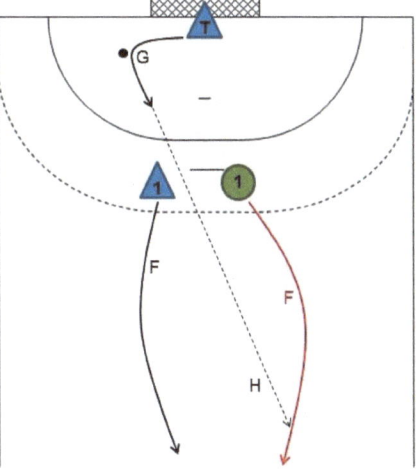
(Bild 2)

| Nr. 45 | Schnelle Laufbewegung mit anschließendem Konter im 1gg1 | 8 | ★★ |
|---|---|---|---|
| **Themengruppe:** | Konter, 1. und 2. Welle | | |
| **Benötigt:** | 6 Hütchen, 1 Ballkiste mit ausreichend Bällen | | |

**Aufbau:**
- Mit 6 Hütchen ein Doppelfeld abgrenzen (2 Teilfelder zu je 3×3 Meter)

**Ablauf:**
- In jedem Teilfeld steht ein Spieler. Beide starten auf Kommando.
- Einer der beiden Spieler macht einen Laufweg vor (hier 1), indem er in schnellem Sprint die Hütchen seines Teilfeldes abläuft (A). Der Laufweg kann frei gestaltet werden, ein Hütchen darf jedoch nicht 2 Mal hintereinander berührt werden.
- Der zweite Spieler (hier 1) spiegelt den Laufweg seines Partners und läuft den gleichen Laufweg in seinem Teilfeld (B).
- Irgendwann ruft der Trainer „Hopp", und rollt dabei einen Ball langsam in die untere Spielhälfte (C).
- Die beiden Spieler starten sofort und sprinten zum Ball (D).
- Der Spieler, der den Ball zuerst erreicht (hier 1), wird zum Angreifer (E) und versucht, auf der unteren Hälfte mit Wurf abzuschließen (G).
- Der andere Spieler geht in die Konterabwehr (F).
- Sobald der Wurf erfolgt ist oder die Konterabwehr erfolgreich war, startet der bisherige Abwehrspieler (hier 1) in den Konter (H), bekommt vom Torwart, der schnell den Ball sichert oder einen Ball neben dem Tor holt (J), den Ball gepasst (K) und schließt mit Wurf ab (L).
- Dann starten zwei neue Spieler mit dem gleichen Ablauf.

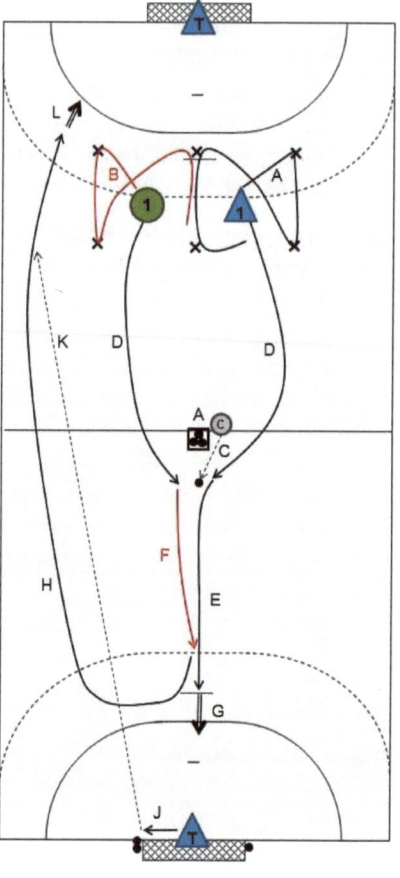

⚠ Auf das Kommando soll sofort von der Laufaufgabe in den Konter umgeschaltet werden (D).

⚠ Nach dem ersten Wurf (G) muss der Abwehrspieler sofort umschalten und in den Konter auf die andere Seite gehen (H).

⚠ Torhüter regelmäßig wechseln

| Nr. 46 | Auftakthandlung in der 2. Welle | 12 | ★★ |
|---|---|---|---|
| **Themengruppe:** | Konter, 1. und 2. Welle | | |
| **Benötigt:** | 2 Hütchen, ausreichend Bälle | | |

**Ablauf:**

- 1, 2 und 3 starten in der 2. Welle und versuchen, 1 und 2 auszuspielen (A) und mit Torwurf abzuschließen (B).
- Sofort nach dieser Aktion starten 1 und 2 (D) zusammen mit 4, der einen neuen Ball ins Spiel bringt (C), zur 2. Welle. Sie versuchen, 3 und 4 auszuspielen und mit Torwurf abzuschließen.
- Zwei Spieler der ersten Gruppe (1, 2 und 3) bleiben stehen und bilden die neuen Abwehrspieler.
- Nach der Aktion von 1, 2 und 4 starten 3, 4 und 5 zu ihrer Aktion.
- Usw.

⚠ Die Spieler sollen mit hoher Geschwindigkeit die Aktion in der 2. Welle absolvieren.

⚠ Die beiden Abwehrspieler sollen ihre Handlungsweise immer wieder verändern, mal defensiv, mal offensiv.

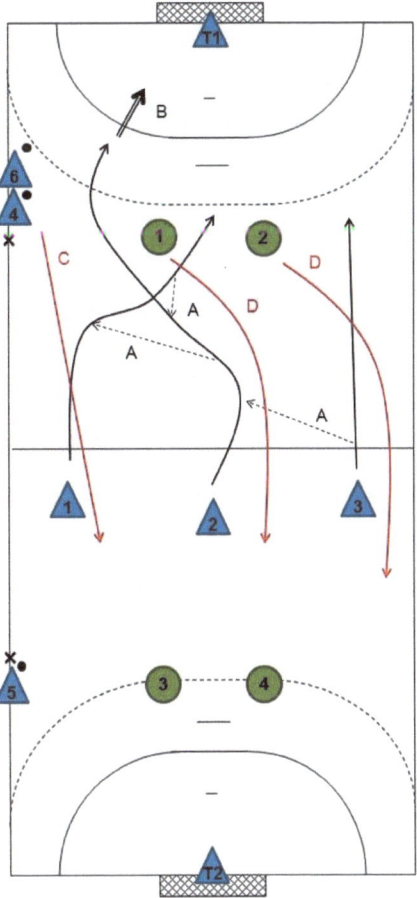

## Variation: feste Auftakthandlung

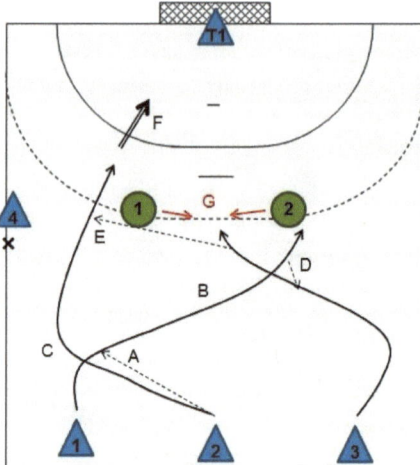

- 2 spielt 1 den Ball in den Lauf (A).
- 1 läuft prellend dynamisch nach rechts, bindet 2 und kreuzt dann mit 3 (D).
  ⚠ 3 kommt von weit rechts außen dynamisch angelaufen!
- 2 zieht zeitgleich nach links und nimmt die Position von 1 ein (C).
- 3 zieht dynamisch zwischen 1 und 2, mit dem Ziel, durchzubrechen. Gelingt dies, schließt 3 mit Wurf ab.
- Schaffen es 1 und 2, die Lücke zu schließen (G) und 3 vom Wurf abzuhalten, passt 3 den Ball 2 in den Lauf (E), der mit Wurf abschließt (F).
- Sofort nach dieser Aktion starten 1 und 2 wieder zusammen mit 4 und wiederholen den Ablauf auf der anderen Seite.

⚠ Auf dynamisches Ankreuzen achten, aus dem vollen Lauf kommen

⚠ Schnelles Umschalten zwischen Abwehr und Angriff

Von **A** wie Aufwärmen bis **Z** wie Zielspiel
75 Übungsformen für jedes Handballtraining

| Nr. 47 | | Konterwettkampf | 8 | ★★ |
|---|---|---|---|---|
| **Themengruppe:** | | Konter, 1. und 2. Welle | | |
| | **Benötigt:** | 6 Hütchen, 1 Ball je Spieler | | |

## Grundablauf:
- 2 Mannschaften bilden
- 2 Spieler (immer ein Spieler jeder Mannschaft) absolvieren den Ablauf.
- Alle anderen Spieler laufen im lockeren Lauf in der Mitte um die beiden Hütchentore (A).

## Ablauf:
- 1 und 2 stellen sich auf die Außenposition und starten gleichzeitig in den Konter.
- Die Torhüter spielen ihnen einen langen Pass (B).
- 1 und 2 schließen jeweils mit einem Wurf ab (C).
- Nach dem Wurf sprinten sie sofort zum Tor und berühren einen Torpfosten (D).
- Danach starten sie in den zweiten Konter, bekommen vom Torhüter einen langen Pass in den Lauf gespielt (E) und schließen mit Torwurf ab (F).
- Der Spieler, der mehr Tore erzielt hat, bekommt für seine Mannschaft einen Punkt. Geht es unentschieden aus, bekommen beide einen Punkt.
- 1 und 2 schließen sich dann den Läufern in der Mitte an und zwei neue Spieler beginnen mit dem gleichen Ablauf.
- Jeder Spieler macht diesen Ablauf 2 Mal (2 × 2 Würfe = 4 Würfe), dann wird abgerechnet. Die Verlierermannschaft macht z. B. Liegestützen / Sit-ups.
- Nach einer kurzen Pause folgt der zweite Durchgang.

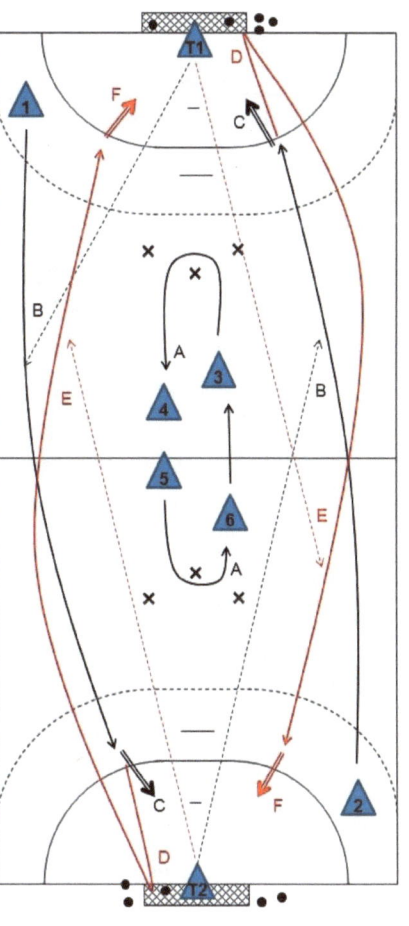

## 2. Durchgang:
- Jeder Spieler absolviert den Durchgang 3 Mal (2 × 3 Würfe = 6 Würfe).
- Nach einer kurzen Pause eventuell weitere Durchgänge starten

## 10. Abwehraktionen

| Nr. 48 | Ball herausprollen | 8 | ★ |
|---|---|---|---|
| **Themengruppe:** | Abwehraktionen | | |
| **Benötigt:** | je 2 Spieler 1 Ball | | |

**Aufbau:**
- Immer zwei Spieler gehen mit einem Ball zusammen.

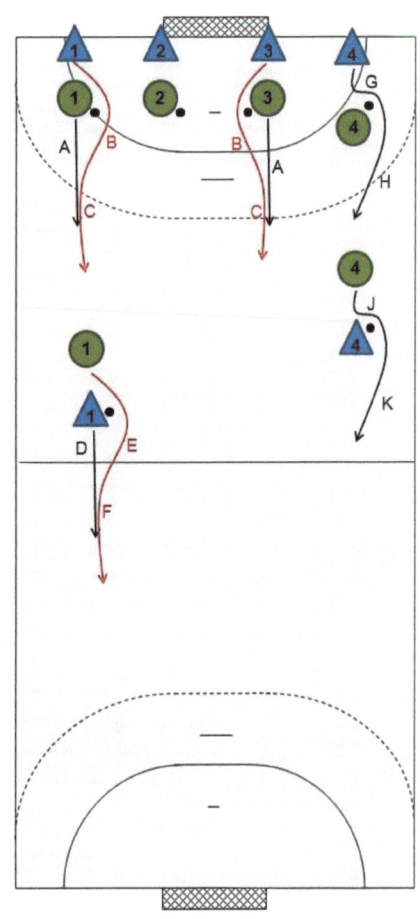

**Ablauf 1:**
- Der vordere Spieler (1) geht mit Ball langsam los (A) und prellt dabei mit einer Hand den Ball vor sich (ohne die prellende Hand dabei zu wechseln).
- Der hintere Spieler (A) trabt langsam an, läuft auf der Seite vorbei, auf der 1 den Ball prellt (B) und prellt beim Vorbeilaufen den Ball heraus (C).

⚠️ 1 soll dabei die Hand zum Herausprellen nehmen, die näher zu 1 ist (kein Übergreifen!). Läuft 1 links an 1 vorbei (1 prellt den Ball mit der linken Hand), nimmt 1 seine rechte Hand zum Herausprellen, läuft 1 rechts an 1 vorbei (1 prellt den Ball mit der rechten Hand), nimmt 1 seine linke Hand zum Herausprellen

⚠️ 1 soll beim Herausprellen darauf achten, dass er versucht, den Ball in der Aufwärtsbewegung vom Boden herauszuprellen.

- Vor 1 angekommen, stoppt 1 und beginnt nun selbst gehend das Prellen.
- Der Ablauf wiederholt sich mit 1, der jetzt den Ball herausprellt (E und F).
- Usw.

**Ablauf 2:**
- 1 läuft jetzt langsam beim Prellen.

**Ablauf 3:**
- Die beiden Spieler stehen sich gegenüber.
- ④ prellt den Ball vor sich auf der Stelle stehend.
- ▲ soll den richtigen Moment abwarten (wenn der Ball vom Boden aufsteigt), einen schnellen Schritt nach vorne machen und dabei den Ball herausprellen (G).
- Mit dem Ball läuft ▲ ein paar Schritte weiter, dreht sich dann um und der Ablauf wiederholt sich, indem ④ nun ▲ den Ball herausprellt (J und K).

| Nr. 49 | Grundlagen des Heraustretens und Absicherns trainieren | 9 (11) | ★ |
|---|---|---|---|
| **Themengruppe:** | Abwehraktionen | | |
| **Benötigt:** | 1 Ball | | |

**Aufbau:**
- Einen Kreis auf dem Hallenboden markieren oder einen bereits existierenden Kreis verwenden

**Ablauf:**
- Die Angreifer ①, ②, ③ und ④ versuchen durch schnelles Passspiel (A und D), entweder mit Ball in den Kreis zu laufen (B) oder ⑤ im Kreis anzuspielen (F). Gelingt eine der beiden Aktionen, bekommen die Angreifer einen Punkt.

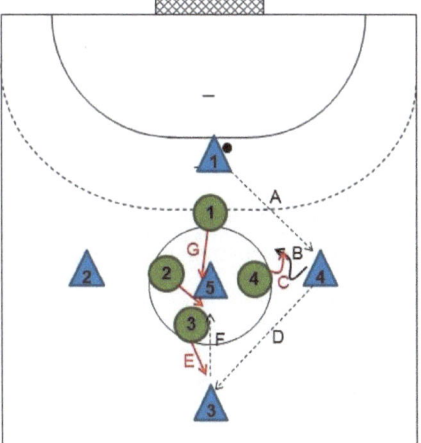

- Die Abwehrspieler ①, ②, ③ und ④ müssen aktiv auf den Ballhalter heraustreten (C und E), um das Eindringen in den Kreis zu verhindern.
- Die ballfernen Abwehrspieler müssen sich jeweils in den Kreis zurückziehen, um den Kreisläufer abzudecken (G).
- Der Angriff spielt 15 Angriffe, danach ist Aufgabenwechsel (ein Angreifer bleibt am Kreis).
- Welche Mannschaft schafft mehr Punkte?

⚠ Die Abwehrspieler müssen sich absprechen: wer tritt auf den Angreifer heraus? Wer deckt den Kreis ab?

⚠ Die Abwehrspieler müssen aktiv auf die Angreifer heraustreten, um ein Eindringen in den Kreis zu verhindern und die Pässe an den Kreis und zum Mitspieler zu erschweren.

| Nr. 50 | 1gg1 mit Anschlussaktion für den Angreifer | 8 | ★ |
|---|---|---|---|
| **Themengruppe:** | Abwehraktionen | | |
| **Benötigt:** | 6 Hütchen, 1 Ballkiste mit ausreichend Bällen | | |

**Aufbau:**
- Einen engen Korridor für die Abwehraktion mit Hütchen markieren. Es soll eine direkte 1gg1-Spielaktion simuliert werden, die auf engem Raum für den Angreifer stattfindet.

**Ablauf:**
- 1 startet mit Ball, passt 1 den Ball und bekommt ihn in die Stoßbewegung gespielt (nicht im Bild).
- Aus der Bewegung kommend startet 1 eine 1gg1-Aktion gegen 1 im durch die inneren Hütchen abgesteckten Bereich, mit dem Ziel, durchzubrechen (A).
- Gelingt es 1, innerhalb der beiden Hütchen durchzubrechen, darf er mit Wurf abschließen.
- Wird 1 festgemacht, oder an einem der beiden inneren Hütchen außen vorbeigeschoben, lässt sich 1 sofort um das hintere Hütchen zurück fallen (C), prellt dynamisch nach vorne, macht vor dem Hütchen eine deutliche Körpertäuschung (D) und schließt aus dem Sprungwurf heraus auf Höhe des Hütchens ab (E).
- Sobald 1 seine 1gg1-Aktion gegen 1 abgeschlossen hat, startet 2 sofort mit seiner Aktion.

**Grundablauf:**
- Jeder Abwehrspieler macht 8-12 Aktionen nacheinander (hohe Belastung), danach wird der Abwehrspieler ausgetauscht, bis jeder einmal an der Reihe war.

⚠ 1 soll mit schnellen Beinen und mit dem Einsatz der Arme versuchen, 1 festzumachen, oder außen an den beiden inneren Hütchen vorbei zu schieben/zu blockieren (B), sodass 1 nicht mit Wurf abschließen kann.

⚠ Wird 1 nach rechts abgedrängt, macht er die Folgeaktion auf der rechten Seite (C, D und E); erfolgt das Abdrängen nach links, findet die Folgeaktion auf der linken Seite statt.

# Nr. 51 — Wechselnde Angriffs- und Abwehraktionen im 1gg1 — 10 ★★

| Themengruppe: | Abwehraktionen |
|---|---|
| Benötigt: | 8 Hütchen, 1 Ball je 8er Gruppe |

**Ablauf:**

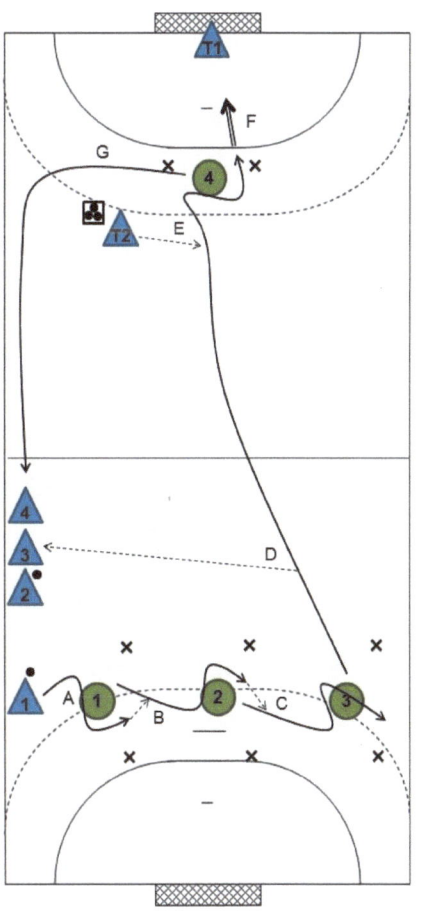

- 1 startet den Ablauf mit einem Pass zu 1, läuft los, bekommt den Ball zurück und macht eine 1gegen1-Aktion gegen 1 (A). 1 muss versuchen, den Durchbruch von 1 durch die Hütchen zu verhindern.
- Nach dieser Aktion passt 1 den Ball zu 1 und 1 wird zum neuen Abwehrspieler.
- 1 passt den Ball zu 2, bekommt den Rückpass in den Lauf gespielt und macht eine 1gegen1-Aktion gegen 2 (B).
- 2 passt den Ball zu 3, bekommt den Rückpass in den Lauf gespielt und macht eine 1gegen1-Aktion gegen 3 (C).
- 2 passt 3 den Ball in den Lauf, der in den Konter startet und nach ein paar Metern den Ball zu einem Angreifer ohne Ball spielt (hier 3) (D).
- 3 läuft danach weiter, bekommt vom 2. Torhüter den Ball in den Lauf gespielt (E), macht eine 1gegen1-Aktion gegen 4 und schließt mit Wurf ab (F).
- Nach der Aktion startet 4 sofort, läuft mit hohem Tempo in die andere Spielhälfte und stellt sich wieder an (G); 3 besetzt die Position von 4.

⚠ Die Abwehrspieler sollen mit Bein- und Armarbeit den Durchbruch verhindern und mit hoher Dynamik agieren.

**Grundsätzlicher Ablauf:**

- Sobald 2 seine Aktion gegen 3 abgeschlossen hat (C), startet 2 mit der Aktion gegen 1 usw.

| Nr. 52 | Intensives Abwehr- und Angriffskontinuum mit Folgeaktionen | 8 | ★★★ |
|---|---|---|---|
| **Themengruppe:** | Abwehraktionen | | |
| **Benötigt:** | 10 Hütchen, 1 Ballkiste mit ausreichend Bällen | | |

## Ablauf:

- 1 läuft an und bekommt von 1 den Ball in den Lauf gespielt (A).
- 1 macht eine 1gegen1-Aktion gegen 1 und versucht, mit Torwurf abzuschließen (B).
- 1 holt sich nach der Aktion (B) einen neuen Ball und wird zum neuen Abwehrspieler.
- Nach der Aktion sprintet 1 sofort los, umläuft das Hütchen (C), bekommt von 2 den Ball in den Lauf gespielt (D) und macht gegen 2 eine 1gegen1-Aktion (E).
- 1 holt sich nach der Aktion (E) einen neuen Ball und wird zum neuen Abwehrspieler.
- Nach der Aktion sprintet 2 sofort los, umläuft das Hütchen (F), bekommt von 3 den Ball in den Lauf gespielt (G) und macht gegen 3 eine 1gegen1-Aktion (H).
- Nach der Aktion sprintet 3 sofort los, umläuft das Hütchen (K), bekommt von T1 den Ball in den Lauf gespielt (L) und schließt mit einem Wurf auf das andere Tor ab. Danach stellt sich 3 wieder an (N).
- 2 holt sich nach der Aktion (E) einen neuen Ball und wird zum neuen Abwehrspieler.
- Sobald 3 in den Konter startet, wechseln die Torhüter die Aufgaben, T2 geht ins Tor und T1 versorgt die Abwehrspieler mit neuen Bällen.
- Sobald T2 im Tor ist, startet 2 mit seiner 1gegen1-Aktion gegen 1 usw.
- Der Ablauf wiederholt sich so lange, bis alle Spieler 1-2 Mal den „Rundlauf" absolviert haben.

## Grundablauf:
- Ist für die neuen Abwehrspieler kein Ball in ihrer Nähe, bekommen Sie von T2 einen gepasst (J).

⚠ Die Abwehrspieler sollen nach der Abwehraktion sofort umschalten und in die nächste Aktion starten (C, F und K).

| Nr. 53 | **Intensives Abwehr- und Angriffskontinuum im 1gg1 mit Vorbelastung** | 8 | ★★★ |
|---|---|---|---|
| **Themengruppe:** | Abwehraktionen | | |
| **Benötigt:** | 6 Hütchen, 3 dünne Turnmatten, 1 Ballkiste mit ausreichend Bällen | | |

## Grundablauf:

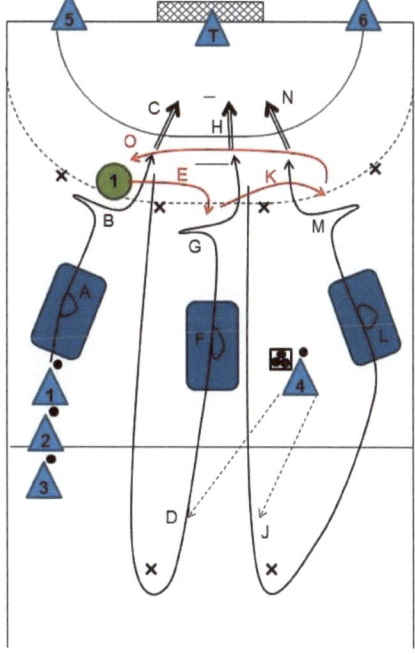

- 1 macht abhängig vom Leistungsstand 1-2 Durchgänge (1-2 Mal 9 1gg1-Aktionen hintereinander).
- Die beiden hinteren Hütchen, um die nach der Aktion gelaufen wird, so weit nach hinten stellen, dass es vom Ablauf so passt, dass 1, 2 und 3 vor dem nächsten Durchgang auf der nächsten Position nicht zu lange warten müssen; optimal ist ein sofortiges Weiterspielen nach dem Umlaufen
- Die Hütchen für die Begrenzung der 1gg1-Aktion relativ eng setzen, damit der Abwehrspieler auch in der Belastung gegen Ende noch eine Chance hat, den Durchbruch zu verhindern
- 5 und 6 (und alle anderen „übrigen" Spieler) sammeln die geworfenen Bälle ein, damit die Angreifer immer mit ausreichend Bällen versorgt werden können.

## Ablauf:
- 1 macht mit Ball einen Purzelbaum auf der dünnen Turnmatte (A), passt 1 den Ball und macht nach dem Rückpass eine 1gg1-Aktion gegen 1 (B), mit dem Ziel, durchzubrechen und mit Wurf abzuschließen (C).
- 2 soll so starten, dass 1 sich nach der Voraktion wieder „stellen" kann usw.
- Nach dem Wurf sprintet 1 um das Hütchen und bekommt von 4 einen neuen Ball gepasst (D).

- Sobald ▲3 mit seiner 1gg1-Aktion fertig ist, wechselt ●1 den Abwehrbereich (E) und ▲1 startet in der Mitte nach dem Purzelbaum (F) mit der 1gg1-Aktion gegen ●1 (G), mit dem Ziel, durchzubrechen und mit Wurf abzuschließen (H).
- ▲2 und ▲3 starten jeweils wieder etwas versetzt (wie zuvor).
- Nach den Aktionen sprinten ▲1, ▲2 und ▲3 wieder jeweils um das Hütchen (J) und ●1 wechselt den Abwehrbereich (K).
- Der Ablauf wiederholt sich dann auf RR (L, M und N).
- Abhängig vom Leistungsstand wiederholen die vier Spieler den Ablauf ein zweites Mal von links (O), oder ein neuer Abwehrspieler und drei Angreifer starten sofort nach der letzten Aktion auf rechts von ▲3 mit dem gleichen Ablauf.
- Usw. bis jeder Spieler einmal den Abwehrablauf absolviert hat.

⚠ ●1 soll mit hoher Dynamik den Durchbruch bekämpfen und aktiv nach vorne auf den Angreifer zugehen.

⚠ ●1 ausreichend Zeit geben, damit er sich richtig in die neue Abwehraktion stellen kann. ●1 soll aber zwischen den Aktionen keine Pause haben.

Von A wie Aufwärmen bis Z wie Zielspiel
75 Übungsformen für jedes Handballtraining

| Nr. 54 | 2gg2-Abwehrkontinuum mit Zusatzaufgabe | 8 | ★★ |
|---|---|---|---|
| **Themengruppe:** | Abwehraktionen | | |
| **Benötigt:** | 7 Hütchen, 1 Ball je 8er Gruppe | | |

## Aufbau:
- Mit Hütchen drei Zielbereiche (Hütchentore) aufstellen
- 1 Hütchen in die Mitte des Spielfelds stellen

## Ablauf:
- 1 und 2 spielen im 2gegen2 gegen 1 und 2.
- 1 und 2 versuchen, durch Kreuzbewegungen (A) oder einfaches Durchbrechen (B), einen Spieler mit Ball auf die Linie zwischen den beiden Hütchen zu stellen.
- Die Abwehrspieler sollen durch dynamisches Attackieren und klare Absprachen untereinander (übergeben/übernehmen) das Durchbrechen der Angreifer verhindern (C). Gelingt es, die Angreifer „festzumachen" oder neben das Spielfeld abzudrängen, bekommt die Abwehr einen Pluspunkt und der Angriff einen Minuspunkt. Gelingt dem Angriff der Durchbruch, werden die Punkte umgekehrt verteilt.
- Danach gehen 1 und 2 sofort in die Gegenbewegung, umlaufen das Hütchen in der Mitte (D) und spielen als nächste Aktion im 2gegen2 gegen 3 und 4.
- Die Punkteverteilung erfolgt genau wie in der Aktion zuvor. Für jeden Minuspunkt (max. 2 bei 2 Aktionen – 1 Angriffs- und 1 Abwehraktion) müssen sie z. B. 5 Liegestützen machen. Bei 0 oder 2 Punkten müssen sie keine Zusatzaufgabe erfüllen.
- 3 und 4 spielen dann gegen 5 und 6 im 2gegen2, 5 und 6 danach gegen 1 und 2 im 2gegen2 usw.

⚠ Die beiden Abwehrspieler sollen mit hoher Dynamik gegen die Angreifer agieren und mit klaren Absprachen das Übergeben/Übernehmen organisieren

**Zwischenübung nach den beiden aufeinanderfolgenden Aktionen (1x Abwehr und 1x Angriff)**

- Zuerst werden eventuelle Liegestützen erledigt.
- Beide Spieler stellen sich neben ein Hütchen und beginnen gleichzeitig schnell einbeinig auf der Stelle zu springen (E):
    - nach links
    - nach vorne
    - nach rechts
    - und zum Schluss hinter eine gedachte Linie auf dem Boden.
- Nach dem letzten Sprung gehen die Spieler sofort dynamisch in die Seitwärtsbewegung zum gegenüberstehenden Hütchen (F), berühren es und laufen sofort wieder dynamisch zurück zum Ausgangspunkt (G).

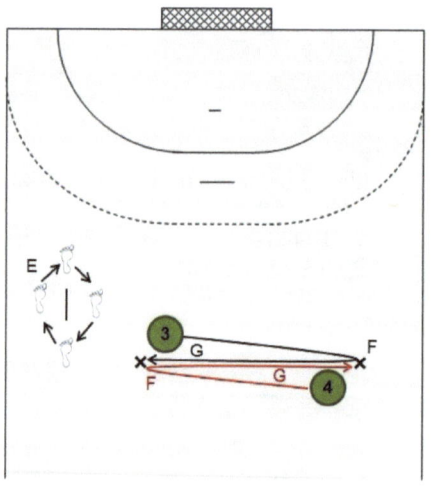

- Danach warten ③ und ④ auf ihre nächste 2gegen2-Abwehraktion.
- Usw.

| Nr. 55 | Übergeben und Übernehmen des Kreisläufers im Mittelblock | 8 | ★★ |
|---|---|---|---|
| **Themengruppe:** | Abwehraktionen | | |
| **Benötigt:** | 2 Hütchen, 1 Ballkiste mit ausreichend Bällen | | |

## Grundablauf:

- 6 steht auf Höhe der 7-Meter-Linie, ohne sich zu bewegen!

## Ablauf:

- 1 stößt an und bekommt von 2 den Ball in den Lauf gespielt (A).
- 1 tritt aktiv der Stoßbewegung von 1 entgegen (B) und attackiert 1 deutlich.
- 2 rutscht nach innen und schirmt 6 gegen das Anspiel von 1 ab (C).
- 1 zieht in der 1gg1-Aktion gegen 1 Richtung Mitte und spielt den Ball zu 2 (D).
- 2 spielt aus einer kurzen Stoßbewegung heraus den Ball weiter in die Stoßbewegung von 3 (E).
- 1 rutscht nach innen und schirmt 6 gegen das Anspiel von 3 ab (F).
- 2 tritt aktiv der Stoßbewegung von 3 entgegen (G) und attackiert 3 deutlich.
- 3 zieht in der 1gg1-Aktion gegen 2 Richtung Mitte und spielt den Ball zu 2 (H).
- 2 spielt den Ball wieder zu 1 und der Ablauf wiederholt sich.

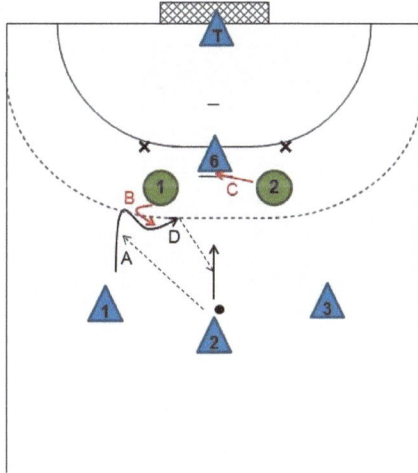

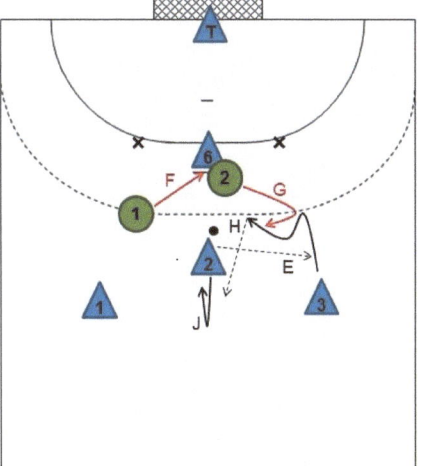

**Erweiterung:**

- 1 und 3 haben im Zusammenspiel mit 2 10 Pässe Zeit, den Ball zu 6 an den Kreis zu spielen (K).
- 6 muss dabei weiterhin stehen bleiben, darf sich aber mit seinem Oberkörper und den Armen dem Ball entgegenstrecken.

⚠ 1 und 2 sollen den Angreifern deutlich entgegentreten und die Angriffsaktionen innerhalb des 9-Meter-Raumes aktiv und intensiv bekämpfen.

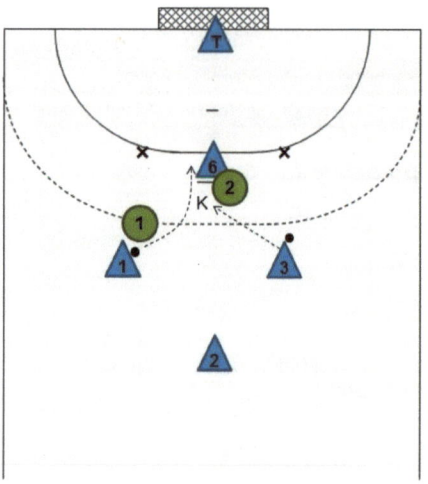

| Nr. 56 | Wurfeckübergabe zwischen Abwehr und Torhüter | 8 | ★★★ |
|---|---|---|---|
| **Themengruppe:** | Abwehraktionen | | |
| **Benötigt:** | 2 Hütchen, 2 Ballkisten mit ausreichend Bällen | | |

**Ziel:**
- Den starken Rückraumwerfer dahin zu bekommen, dass er in das „vorbereitete" Eck wirft.

**Grundablauf:**
- 2, 3, 4 und 6 spielen 4gg4 gegen 2, 3, 4 und 5.
- Die vier Angreifer spielen die unten beschriebenen Angriffsmöglichkeiten, um Tore zu erzielen.
- Nach je fünf Angriffen tauschen die Angreifer und Abwehrspieler die Aufgaben (Wer erzielt bei fünf Angriffsaktionen mehr Tore?).

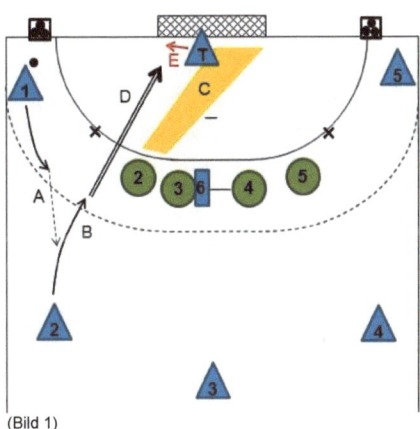
(Bild 1)

**Möglichkeit 1 (Bild 1):**
- 1 stößt von Außen an und passt 2 den Ball in den Lauf (A).
- 2 stößt nach außen weg (B); hier soll die Standardabsprache stattfinden. 2 schirmt das lange Eck ab (C) und zwingt 2 so zum Wurf in das kurze Eck (D und E).

⚠ In der Abwehr durch klare Absprachen den Kreisläufer decken.

**Möglichkeit 2 (Bild 2):**
- Geht 2 nach dem Auftaktpass von 1 über die Mitte (F), tauscht die Abwehr mit T das Wurfeck.
- 2 übernimmt jetzt das kurze Eck (G) und T das lange Eck, sodass 2 durch das Abdecken des kurzen Ecks zum Wurf in das lange Eck gezwungen wird (H und J).

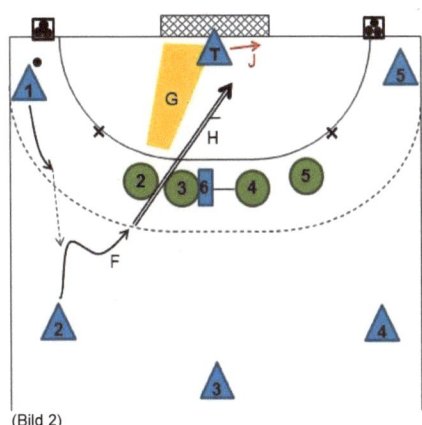
(Bild 2)

## Möglichkeit 3 (Bild 3):

- 5 stößt von Außen an und passt 4 in die Stoßbewegung (K).
- 4 passt 3 in die Laufbewegung nach links (L).
- 2 nimmt die Kreuzbewegung von 3 an und bekommt den Ball gespielt (M).
- 2 zieht dynamisch Richtung Tor (N).
- Die Abwehr und T tauschen hier ebenfalls das Wurfeck.
- 3 schirmt das kurze Eck ab (O), sodass 2 zum Wurf in das lange Eck gezwungen wird (P und R).

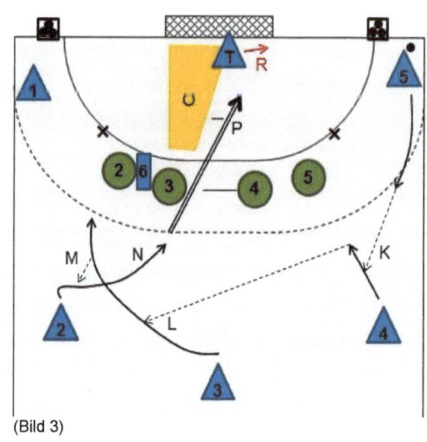
(Bild 3)

| Nr. 57 | Unterzahlabwehr im Mittelblock trainieren | 10 | ★★ |
|---|---|---|---|
| **Themengruppe:** | Abwehraktionen | | |
| **Benötigt:** | 2 Hütchen, 2 Tapestreifen, 1 Ball | | |

## Grundablauf:

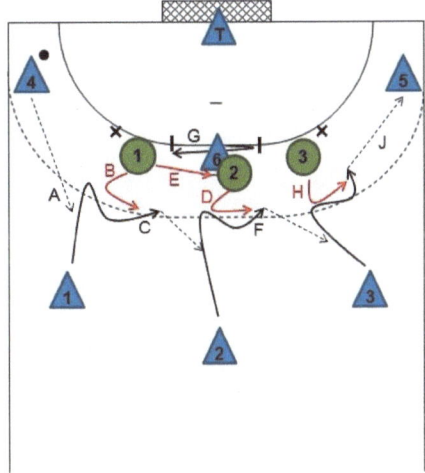

- 6 darf sich innerhalb des durch Tape markierten Bereichs bewegen (G).
- 4 und 5 dienen als Anspielstationen.
- Die Angreifer müssen je Angriffsaktion nach spätestens 12 Pässen einen Abschluss geschafft haben.
- 1, 2 und 3 sollen im Zusammenspiel als Hauptaufgabe versuchen, den Ball in ihren Aktionen zu 6 zu passen. Tritt die Abwehr dabei nicht heraus, dürfen sie auch innerhalb des 9-Meter-Raums werfen oder versuchen, durchzubrechen und von 6-Meter zu werfen.
- Nach fünf Angriffsaktionen die Aufgaben tauschen. Welche Abwehrspieler bekommen weniger Tore?

## Ablauf:

- 1 bekommt den Ball von 4 in den Lauf gespielt (A).
- 1 soll der Stoßbewegung von 1 deutlich entgegentreten (B) und 1 aktiv bekämpfen.
- 1 spielt den Ball in die Stoßbewegung von 2 (C).
- 2 soll der Stoßbewegung von 2 deutlich entgegentreten (D) und 2 aktiv bekämpfen.
- 1 schiebt nach hinten innen und übernimmt das Abschirmen von 6 (E).
- 2 spielt den Ball in die Stoßbewegung von 3 (F).
- 3 soll der Stoßbewegung von 3 deutlich entgegentreten (H) und 3 aktiv bekämpfen.
- 3 spielt den Ball nach außen zu 5 (J), danach wiederholt sich der Ablauf von der anderen Seite usw.

## Zuordnungen:

- ①, ② und ③ sollen permanent laute Absprachen über die Zuordnung zu ⑥ treffen.

Bei Ballbesitz RL:

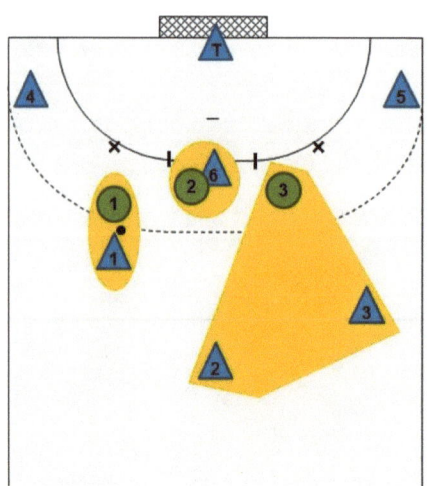

Bei Ballbesitz RM:

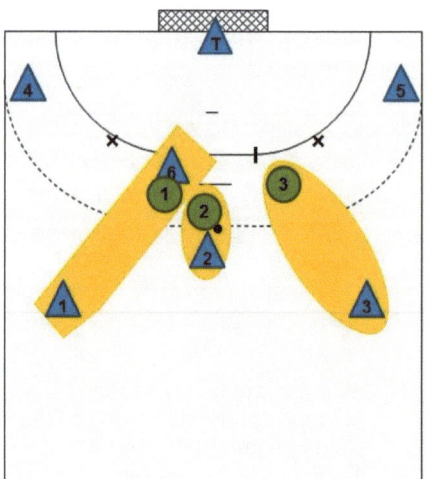

Bei Ballbesitz RR:

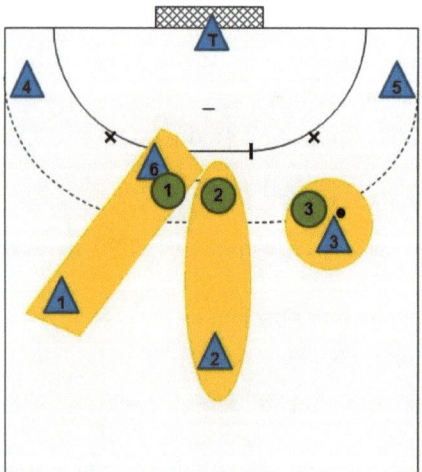

| Nr. 58 | Abwehraktion im 4gg4 mit anschließendem Konter über die Außenpositionen | 14 | ★★ |
|---|---|---|---|
| **Themengruppe:** | Abwehraktionen | | |
| **Benötigt:** | 4 Hütchen, ausreichend Bälle | | |

## Grundaufbau:

- 2, 3, 4 und 6 spielen 4gegen4 gegen 2, 3, 4 und 5.
- 1 und 5 sind Anspielstationen.

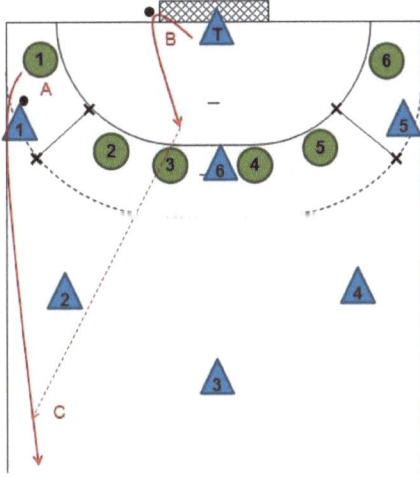

## Ablauf:

- 2, 3, 4 und 6 sollen durch freies Spiel versuchen, zum Abschluss zu kommen.
- 2, 3, 4 und 5 arbeiten aggressiv in der Seitwärts- und Vorwärtsbewegung. Deutliche Absprachen müssen bei der Übergabe von 6 erfolgen.
- Sobald der Angriff in der finalen Aktion Richtung Tor zieht, starten 1 und 6 in die Konterbewegung (A).
- Der Torhüter holt zügig den Ball (B) und leitet mit einem langen Ball den Konter ein (C).
- 1 oder 6 schließt den Konter auf der anderen Seite (2. Torhüter) ab und kommt zügig wieder zurückgelaufen.
- Gelingt es der Abwehr, den Ball herauszufangen, bzw. gelingt dem Angriff kein Tor, erhält die Abwehr einen Punkt. Gelingt zusätzlich ein Tor durch den Konter, erhält die Abwehr einen weiteren Punkt. Schafft der Angriff ein Tor, erhält er einen Punkt.
- Nach jedem Angriff erfolgt ein Aufgabenwechsel zwischen Abwehr und Angriff.

## Ziel:

- Welche Mannschaft erzielt zuerst 10 Punkte?
- Die Verlierermannschaft muss Liegestützen/Sit-ups absolvieren.

⚠ Beide Außenspieler sollen bei der finalen Aktion der Angreifer bereits in den Konter starten.

⚠ Die Abwehr soll mit hoher Dynamik in der Seitwärts- und Vorwärtsbewegung in der korrekten Abwehrhaltung (Wurfarm/Hüfte) agieren.

## 11. Abschlussspiele

| Nr. 59 | 4gg4 mit schnell wechselnden Angriffs- und Abwehraktionen | 8 | ★★ |
|---|---|---|---|
| **Themengruppe:** | Abschlussspiel | | |
| **Benötigt:** | 4 kleine Turnmatten, 1 Ball | | |

### Ablauf:

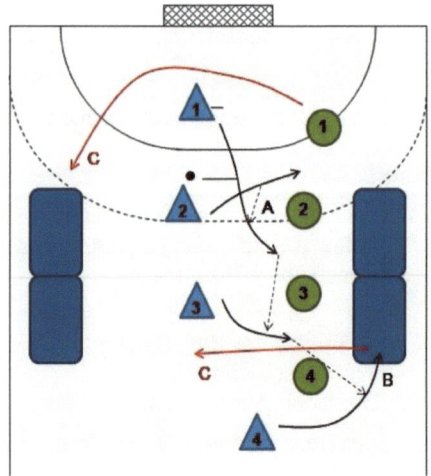

-  spielen gegen ①, ②, ③ und ④
- Die ballbesitzende Mannschaft soll jeweils im 1gg1 und durch einfache Kreuzbewegungen/Parallelstoßen (A und B) versuchen, den Ball auf den generischen Matten abzulegen.
- Die abwehrende Mannschaft verteidigt die Matten gegen das Ablegen. Können sie den Ball erkämpfen oder haben die Angreifer den Ball auf der Matte ablegen können, soll sofort von Abwehr auf Angriff umgeschaltet werden (C).

### Methodischer Ablauf:
- Im 1. Drittel soll versucht werden, in einer 1gg1-Aktion durchzubrechen; gelingt dies, bekommen die Angreifer zwei Punkte.
- Im 2. Drittel soll versucht werden, durch Kreuzbewegungen zum Erfolg zu kommen (Kreuzbewegungen sind Pflicht).
- Im 3. Drittel ist das Spiel dann völlig offen.

### Spielzeit:
- 3 × 5 Minuten mit einer kurzen Pause

Die Verlierermannschaft je Drittel macht z. B. Liegestützen / Sit-ups.

⚠ Die Abwehrspieler sollen versuchen, kompakt zu stehen und die Angreifer vor sich zu halten.

⚠ Ein Durchbruch mit oder ohne Ball muss unterbunden werden.

⚠ Schnelles Umschalten zwischen Abwehr und Angriff und umgekehrt

| Nr. 60 | Überschlagspiel für die Schnelle Mitte und die 2. Welle | 12 | ★★ |
|---|---|---|---|
| **Themengruppe:** | Abschlussspiele | | |
| **Benötigt:** | 4 Hütchen, ausreichend Bälle | | |

## Ablauf:

- 1 bekommt den Ball von 2 in den Lauf gespielt (A).
- 3 läuft im Bogen nach außen weg, nimmt dynamisch nach innen laufend die Kreuzbewegung von 1 an und bekommt den Ball gespielt (B).
- 1 und 2 sollen offensiv variabel agieren und 3 in der Entscheidung unter Druck setzen:
  - Tritt 2 offensiv heraus, ist der Pass zu 6 an den Kreis möglich (C).
  - Geht 2 nicht konsequent genug 3 entgegen, kann er selbst versuchen, zu werfen oder durchzubrechen (D).
  - Hilft 1 aus, kann 3 mit 2 zusammenspielen, der durchbricht oder aus dem Sprungwurf heraus abschließt (E).

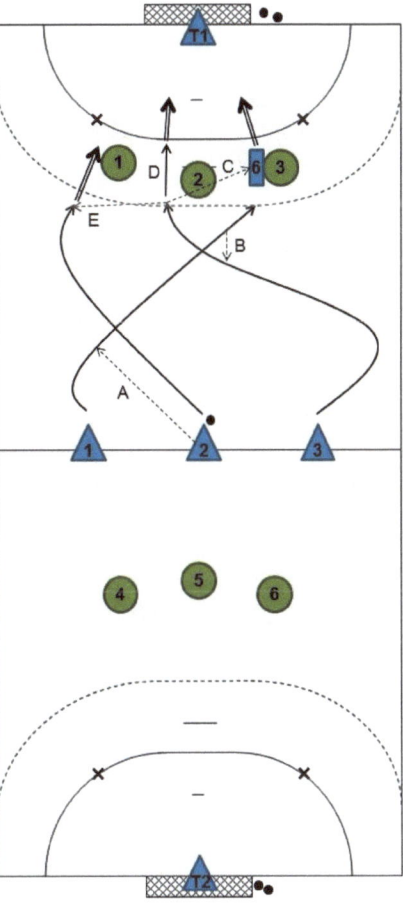

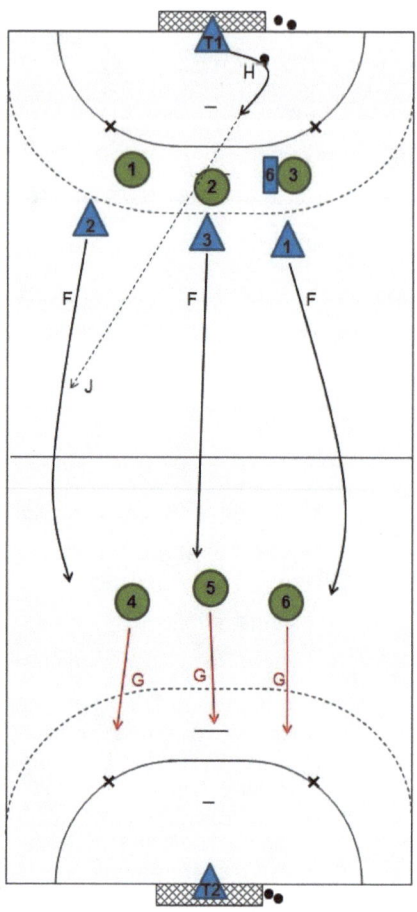

- Danach starten ①, ② und ③ sofort in die nächste Aktion (①, ②, ③ und ⑥ bleiben stehen und warten auf die dritte Aktion). ①, ② und ③ laufen in den Konter (F).
- ④, ⑤ und ⑥ warten kurz hinter der Mittellinie. Sobald der erste Angreifer über der Mittellinie ist, dürfen sie sich zurückfallen lassen, um den Angriff zu verteidigen (G).
- ①, ② und ③ dürfen im freien Spiel versuchen, die Abwehr auszuspielen und zum Abschluss zu kommen.
- Danach starten sie sofort in die dritte Aktion und müssen bei ①, ② und ③ den ersten Ablauf aus dem Konter heraus im Zusammenspiel mit ⑥ wiederholen (A, B, C, D und E).
- Für jedes nicht erzielte Tor der möglichen drei müssen sie danach z. B. 10 Liegestützen machen.
- Danach wiederholt sich der Ablauf mit den nächsten drei Angreifern.

⚠ Die Angreifer sollen die drei Angriffe in höchstem Tempo durchführen.

⚠ Die Abwehrspieler sollen durch plötzliches Zustellen eines Angreifers den Entscheidungsdruck auf den Angriff erhöhen.

⚠ Die Torhüter sollen sich Reservebälle neben das Tor legen, damit ein schneller Spielfluss möglich ist (H).

**Variation:**
- Die Angreifer machen fünf Aktionen direkt hintereinander.

| Nr. 61 | Einfaches Überschlagspiel im 4gegen4 | 14 | ⭐ |
|---|---|---|---|
| **Themengruppe:** | Abschlussspiele | | |
| **Benötigt:** | 1 Ball | | |

## Ablauf:

- 1, 2, 3 und 4 spielen im 4gg4 gegen 1, 2, 3 und 4.
- Sobald der Angriff zu Ende ist, starten 1, 2, 3 und 4 in die schnelle Gegenbewegung und spielen auf der anderen Seite gegen 1, 2, 3 und 4, die ihre Abwehraktion deutlich vor der 9-Meter-Linie beginnen sollen.
- 1, 2, 3 und 4 gehen nach dem Angriff als neue Spieler direkt in die Abwehr (vor der 9-Meter-Linie).
- Wird ein Tor erzielt, wird der Ball direkt vom Torhüter wieder in das Spiel gebracht, ohne Anwurf an der Mittellinie.
- Welche Mannschaft hat nach 10 Minuten Spielzeit am meisten Tore erzielt? Vorher Aufgaben für den Zweiten und Dritten definieren

⚠ Es soll ein Spiel entstehen, welches schnell hin und her geht; Unterbrechungen möglichst vermeiden

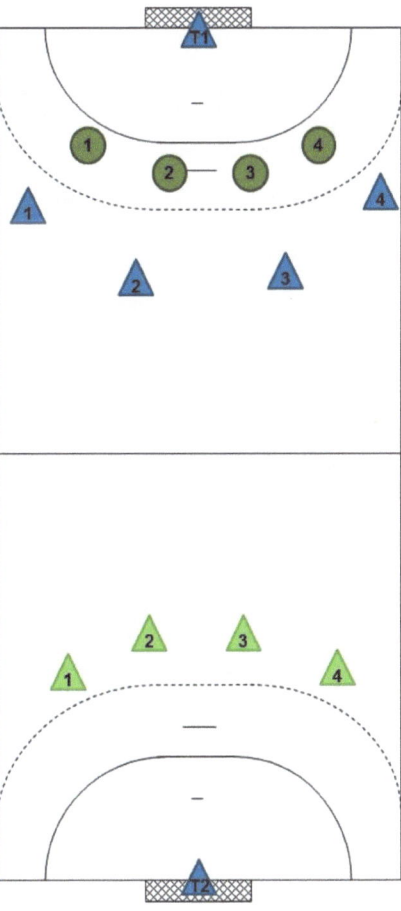

Von A wie Aufwärmen bis Z wie Zielspiel
75 Übungsformen für jedes Handballtraining

| Nr. 62 | Intensives Überschlagspiel im 4gegen4 | 10 | ★★ |
|---|---|---|---|
| **Themengruppe:** | Abschlussspiele | | |
| **Benötigt:** | 2 Ballkisten mit ausreichend Bällen | | |

### Grundablauf:
- 2-3 Viererteams bilden
-  spielen im 4gg4 gegen 1, 2, 3 und 4.
- Jede Mannschaft hat für ihren Angriff ab der Mittellinie max. 6 Pässe zur Verfügung, um zum Abschluss zu kommen.
- Freies Spiel im 4gg4
- Nach 4-5 Minuten bekommt die „Siegermannschaft" eine Pause und die wartende Mannschaft übernimmt dafür.

### Ablauf:
- Haben die Angreifer innerhalb ihrer 6 Pässe auf das Tor geworfen und ein Tor erzielt, erhalten sie einen Punkt.
- Danach wechseln sofort die Aufgaben. Allerdings müssen 1, 2, 3 und 4 (alle „alten" Angreifer) mit einem Fuß die 6-Meter-Linie berühren (A), danach erst dürfen sie als Abwehrspieler eingreifen (B). 1, 2, 3 und 4 werden dann zu den Angreifern, müssen aber zuerst alle mit einem Fuß die Grundlinie berühren, bevor sie ihren Angriff starten dürfen (C).
- T1 muss nach dem Wurf zur Ballkiste rennen, sich einen neuen Ball holen (D) und seine Passposition so verändern (E), dass ein diagonaler Pass zum Angreifer möglich ist (F).
- Danach wiederholt sich der Ablauf auf der anderen Seite usw.

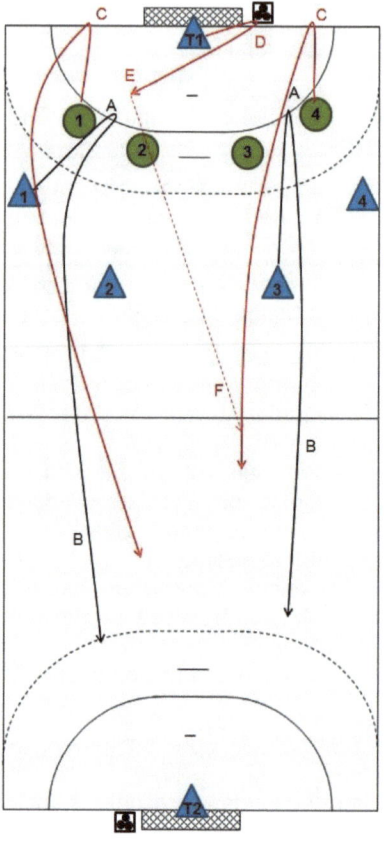

⚠ Nach 2-3 Durchgängen kann es schnell dazu kommen, dass einzelne Spieler nicht mehr mit dem Berühren der entsprechenden Linie nachkommen. Sie müssen sie aber immer berühren! T1 und T2 müssen eventuell etwas warten, bis sie den Ball erneut wieder ins Spiel bringen (F).

⚠ Gelingt es nicht, nach dem 6. Pass auf das Tor zu werfen, erfolgt ein Pfiff des Trainers und der Ball muss vom Angreifer sofort zum gegnerischen Torhüter gepasst werden. Alle Spieler müssen daraufhin zu ihrer Linie laufen und danach geht das Spiel normal weiter.

## 12. Ausdauer

| Nr. 63 | Stoßen und Passen mit Zusatzlaufwegen und unter Zeitdruck | 10 | ⭐ |
|---|---|---|---|
| **Themengruppe:** | Ausdauer | | |
| **Benötigt:** | 4 Hütchen, 1 Ball | | |

### Grundablauf:
- Zwei Mannschaften zu je fünf Spielern bilden
- Es wird die Zeit gemessen, die die beiden Mannschaften jeweils für zwei Durchläufe brauchen (1 bis 5 und zurück zu 1, dann startet der zweite Durchgang).

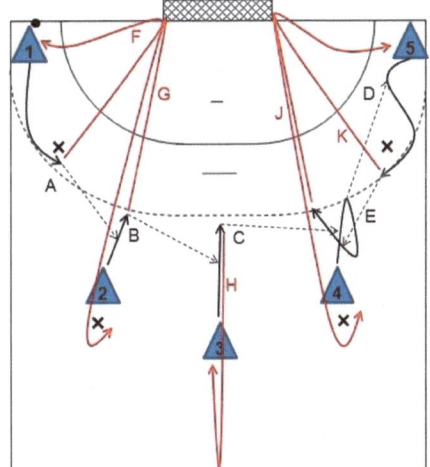

### Ablauf:
- 1 stößt mit Ball im Bogen um das Hütchen an und passt 2 den Ball in die Stoßbewegung (A).
- 2 stößt mit Ball dynamisch nach vorne und passt 3 den Ball in die Stoßbewegung (B).
- 3 stößt mit Ball dynamisch nach vorne und passt 4 den Ball in die Stoßbewegung (C).
- 4 stößt leicht nach rechts und passt 5 den Ball in die Bewegung Richtung Tor (D).
- 5 stößt im Bogen dynamisch um das Hütchen und passt 4 den Ball in seine Gegenstoßbewegung (E) usw.

### Ablauf nach dem Pass:
- 1 muss beim Stoßen um das Hütchen laufen, danach zum Tor sprinten, den Torpfosten berühren und zur Ausgangsposition zurückkehren (F).
- Wenn 2 und 4 den Ball von den Außenspielern (1 und 5) bekommen, sprinten sie, nachdem sie den Ball zu 3 gepasst haben, zum Tor, berühren den Torpfosten und umlaufen das hintere Hütchen (G und J).
  ⚠️ Wenn der Ball von 3 kommt, halten 2 und 4 die Position.
- 3 sprintet immer, nachdem er den Ball gepasst hat (zu 2 oder zu 4) zur Mittellinie und zurück auf die Ausgangsposition (H).

⚠️ Darauf achten, dass die Laufbewegungen beim Stoßen korrekt ausgeführt werden.

⚠️ Den Standort der Hütchen dem Leistungsniveau anpassen

| Nr. 64 | Ballgewöhnung mit dem Schwerpunkt Laufarbeit | 8 | ★★ |
|---|---|---|---|
| **Themengruppe:** | Ausdauer | | |
| **Benötigt:** | 10 Hütchen, 3 Bälle | | |

## Ablauf innerhalb der inneren Gruppe (1, 3 ... und 2, 4 ...):

- 1 stößt dynamisch nach vorne (A) und passt den Ball in die Stoßbewegung (B) von 2.
- 2 passt ebenfalls aus dem Stoßen heraus zu 3 (C) usw.

## Ablauf nach dem Stoßen:

- 1 läuft in der Seitwärtsbewegung (D) links nach außen, dreht sich um und sprintet um das hinteren Hütchen (E).
- 1 sprintet die lange Gerade (F), umläuft das Hütchen und stellt sich hinter der anderen Gruppe wieder an (G).
- Usw.

## Zeitlicher Ablauf:

- Die Übung wird fünf Minuten lang absolviert.
- Jedes Herunterfallen des Balls wird gezählt.
- Nach Ablauf der fünf Minuten werden für jedes Fallenlassen des Balls z. B. drei Liegestützen und drei Sit-ups gemacht (fünf Fehlpässe/Fangfehler = 15 Liegestützen und 15 Sit-ups).
- Danach eine kurze Pause machen und den Ablauf wiederholen

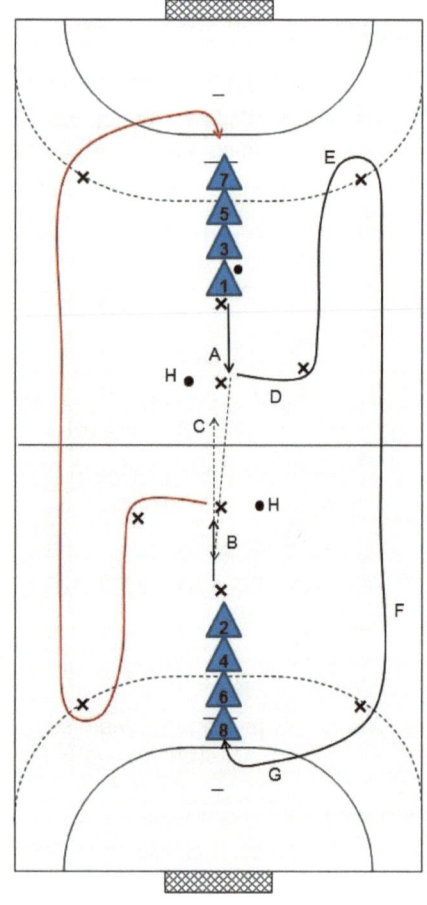

⚠ Die Spieler sollen das Stoßen und Passen (A, B und C) so timen, dass die Aktion immer in der vollen Bewegung absolviert wird (kein Stehen beim Pass zur Gegengruppe).

⚠ Den Abstand der äußeren Hütchen dem Leistungsstand der Mannschaft anpassen, sodass ein Rundlauf entsteht und die Spieler (optimal) direkt nach dem Anstellen (G) wieder in den Pass (A, B und C) starten müssen.

⚠ Die Übung ist durch die vielen Laufwege sehr intensiv.

| Nr. 65 | Ausdauerwettkampf auf dem Sportplatz | 9 | ★★ |
|---|---|---|---|
| **Themengruppe:** | Ausdauer | | |
| **Benötigt:** | Je 3 Spieler 1 Medizinball | | |

## Aufbau:
- 3er-Mannschaften bilden mit je einem Medizinball und wie im Bild gezeigt aufstellen
- Jede Mannschaft läuft innerhalb einer Bahn.
- Jeweils zwei Linien als Startlinien definieren, die ca. 25-30 Meter auseinander liegen.

## Ablauf:
- 1, 4 und 7 starten gleichzeitig auf Kommando und sprinten in ihrer Bahn mit Medizinball los (A).
- Auf der anderen Seite angekommen, übergeben sie hinter der Linie den Medizinball an den nächsten Spieler (B).
- Diese Spieler sprinten wieder zurück und übergeben den Medizinball an den nächsten Spieler (C).
- Der Ablauf wiederholt sich nun insgesamt 30 Mal, sodass jeder Spieler 10 Bahnen sprintet:
- Die Siegermannschaft muss keine Aufgabe erledigen, die Zweiten machen z. B. 10 Liegestützen, die Dritten 20 Liegestützen, die Vierten 30 Liegestützen usw.
- Nach einer kurzen Erholungspause den Ablauf wiederholen

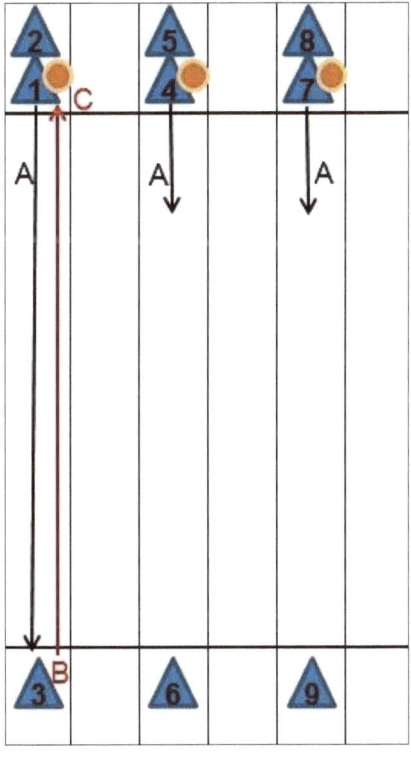

⚠ Am besten die gelaufenen Bahnen mithilfe einer Strichliste mitschreiben, um den Überblick zu behalten

Von A wie Aufwärmen bis Z wie Zielspiel
75 Übungsformen für jedes Handballtraining

| Nr. 66 | Konterkontinuum mit anschließendem Athletikparcours | 8 | ★★★ |
|---|---|---|---|
| **Themengruppe:** | Ausdauer | | |
| **Benötigt:** | 1 Ball je Spieler, 2 Hütchen, 1 großer Turnkasten, 1 Turnbank, 1 dünne Turnmatte | | |

### Grundablauf:
- Die Spieler starten zuerst in die Konter und absolvieren danach den Parcours am Rand.
- Jeder Spieler absolviert den Ablauf 5 Mal.

### Ablauf:

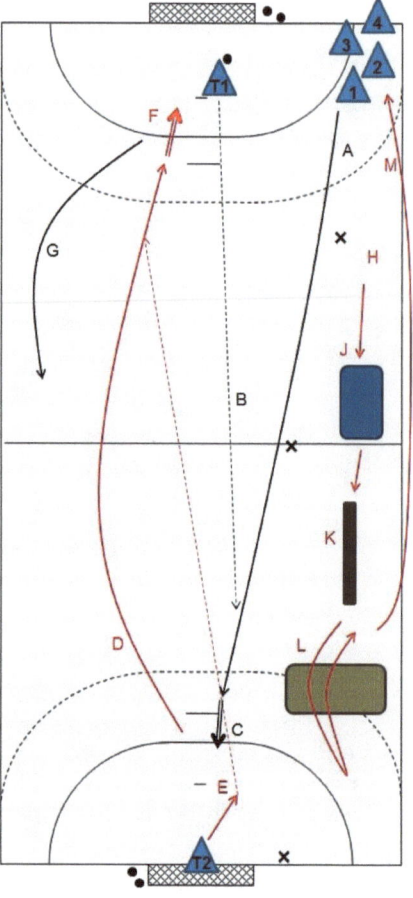

- 1 startet ohne Ball in den Konter (A), bekommt von T1 den Ball in die Laufbewegung gepasst (B) und schließt mit Wurf (C) ab.

- Danach startet 1 direkt (ohne Pause) in den zweiten Konter (D), bekommt von T2 den Ball in die Laufbewegung gepasst (E) und schließt mit Wurf ab (F).

- 1 startet danach noch zweimal in den gleichen Ablauf (insgesamt vier Konter) (G).

- Nach dem vierten Konter läuft 1 an die Seite und absolviert die folgenden Stationen:
    o Für jeden nicht getroffenen Konter macht 1 zuerst 10 Liegestützen (H).
    o Auf der Turnmatte macht 1 10 Sit-ups (J).
    o 1 legt sich mit dem Bauch auf die Turnbank und zieht sich über die Bank auf die andere Seite. 1 dreht sich dort um 180° und zieht sich wieder zurück. Das Ganze wiederholt er noch einmal (insgesamt viermal ziehen) (K).
    o 1 springt 5 Mal über den großen Turnkasten und wieder zurück, sodass er insgesamt 10 Mal gesprungen ist (L).
    o Danach läuft 1 wieder zurück zum Startpunkt und startet wieder in den Konter, wenn er an der Reihe ist (M).

- Sobald 1 mit den Kontern fertig ist, startet 2 mit dem gleichen Ablauf usw.

| Nr. 67 | Laufübung mit Zusatzübung auf der Weichbodenmatte | 8 | ★★★ |
|---|---|---|---|
| **Themengruppe:** | Ausdauer | | |
| **Benötigt:** | 6 Hütchen, 2 Weichbodenmatten | | |

**Aufbau:**
- Die Position der beiden Hütchen (B und D) abhängig vom Leistungsniveau wählen

**Ablauf:**
- ① und ② beginnen und machen schnelle Hampelmannbewegungen auf der Weichbodenmatte (A).
- Das ist das Startsignal für alle anderen Spieler. Sie sprinten zum vorderen Hütchen (B), zurück um die Weichbodenmatten (C), zum Hütchen (D) und zurück durch das Hütchentor (E).
- Sobald der letzte Spieler durch das Hütchentor (E) gelaufen ist, dürfen ① und ② auf der Matte mit ihren Hampelmannbewegungen aufhören.
- Danach wiederholt sich der Ablauf mit den nächsten beiden Spielern auf der Weichbodenmatte.
- Usw. bis alle Spieler an der Reihe waren. Danach eine kurze Pause machen und abhängig vom Leistungsniveau die Spieler 2-3 Mal den Ablauf widerholen lassen

⚠ Den Abstand der hinteren Hütchen (B und D) dem Leistungsniveau der Mannschaft anpassen

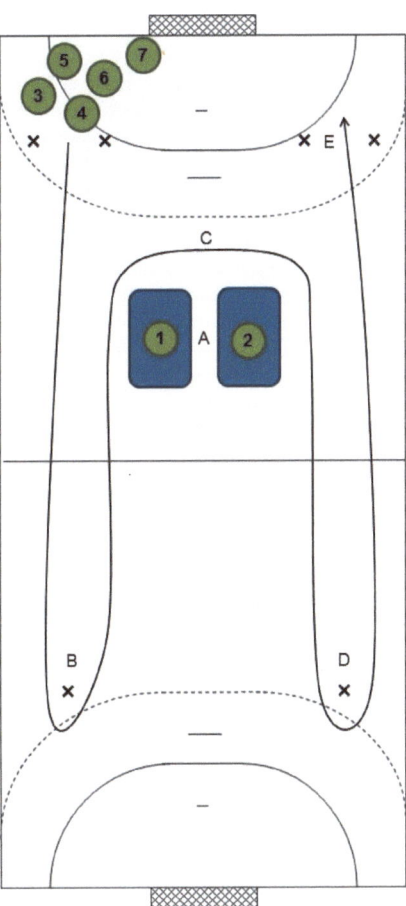

Von **A** wie Aufwärmen bis **Z** wie Zielspiel
75 Übungsformen für jedes Handballtraining

## 13. Beispieltrainingseinheit

| Nr.: 220 | Verbesserung des Wurfs und der Wurfentscheidung unter Druck | | ★★ | 90 |
|---|---|---|---|---|
| **Startblock** | | **Hauptblock** | | |
| X | Einlaufen/Dehnen | X | Angriff / individuell | | Sprungkraft | |
| | Laufübung | X | Angriff / Kleingruppe | | Sprintwettkampf | |
| X | Kleines Spiel | | Angriff / Team | | Torhüter | |
| | Koordination | X | Angriff / Wurfserie | | | |
| | Laufkoordination | | Abwehr /Individuell | | **Schlussblock** | |
| | Kräftigung | | Abwehr / Kleingruppe | X | Abschlussspiel | |
| | Ballgewöhnung | | Abwehr / Team | | Abschlusssprint | |
| X | Torhüter einwerfen | | Athletiktraining | | | |
| | | | Ausdauertraining | | | |

★ :Einfache Anforderung (alle Jugend-Aktivenmannschaften)    ★★ : Mittlere Anforderung (geeignet ab C-Jugend bis Aktive)    ★★★ : Höhere Anforderung (geeignet ab B-Jugend bis Aktive)    ★★★★ : Intensive Anforderung (geeignet für Leistungsbereiche)

**Legende:**

✘  Hütchen

🔺1  Angreifer

🟢1  Abwehrspieler

▨  Ballkiste

☐  umgedrehte kleine Turnkiste

**Benötigt:**
➔ 4 kleine Turnkisten, 7 Hütchen, 1 Ballkiste mit ausreichend Bällen

**Beschreibung:**
Ziel der Trainingseinheit ist das Verbessern des Wurfs und der Wurfentscheidung unter Druck. Beim Einlaufen wird das Lösen einer Aufgabe im Team unter Zeitdruck gefordert. In einem kleinen Spiel wird der Druck durch parallele äußere Einflüsse erhöht. Nach dem Torhüter-Einwerfen wird eine Wurfserie mit einer zusätzlichen Denkaufgabe kombiniert. Danach folgt eine individuelle Übung, bei der Würfe unter Zeitdruck erfolgen, bevor in zwei Kleingruppenübungen die Wurfentscheidung in den Vordergrund rückt. Ein Abschlussspiel rundet die Trainingseinheit ab.

Insgesamt besteht die Trainingseinheit aus folgenden Schwerpunkten:
- Einlaufen/Dehnen (Einzelübung: 10 Minuten / Trainingsgesamtzeit: 10 Minuten)
- kleines Spiel (10/20)
- Torhüter einwerfen (10/30)
- Angriff Wurfserie (10/40)
- Angriff individuell (15/55)
- Angriff Kleingruppe (10/65)
- Angriff Kleingruppe (15/80)
- Abschlussspiel (10/90)

**Gesamtzeit der Trainingseinheit: 90 Minuten**

| Nr.: 220-1 | Einlaufen/Dehnen | 10 | 10 |

## Ablauf:
- Die Spieler laufen durcheinander in der gesamten Hallenhälfte. Dabei führen sie verschiedene Laufbewegungen aus (vorwärts, rückwärts, Sidesteps, Hopserlauf mit Armkreisen vorwärts, rückwärts…).
- Als Kommando ruft der Trainer eine Zahl zwischen 3 und 5. Die Spieler finden sich so schnell wie möglich zu Gruppen mit entsprechender Zahl zusammen (Trainer ruft 4 -> 4er-Gruppen).
- Übrige Spieler führen eine Sonderaufgabe aus (Liegestützen, Kniebeugen, Hampelmänner).
- Sobald die Gruppen gefunden sind, stellt der Trainer eine Aufgabe. Er nennt die Körperteile, die für die gesamte Gruppe den Boden berühren dürfen und müssen. Die Spieler der Gruppe, die die Aufgabe zuerst löst, indem nur diese Körperteile den Boden berühren, bekommen einen Punkt. Die Gruppen lösen die Aufgabe kreativ, z. B. durch Hochheben eines Spielers).
- Dann startet der Ablauf mit dem Laufen auf der Hallenhälfte erneut.
- Nach 5-10 Runden machen die drei Spieler mit den wenigsten Punkten eine Sonderaufgabe (z. B. die Spieler mit den meisten Punkten eine Bahn auf dem Rücken tragen).

## Beispiele für die Gruppenaufgabe:
- 3er-Gruppe: 3 Beine, 3 Arme, 1 Kopf
- 3er-Gruppe: 2 Beine, 4 Arme
- 4er-Gruppe: 4 Beine, 2 Arme, 1 Kopf, 1 Knie
- 4er-Gruppe: 3 Beine, 1 Arm, 2 Ellbogen
- 5er-Gruppe: 4 Beine, 2 Arme, 2 Knie, 2 Ellbogen

| Nr.: 220-2 | kleines Spiel | 10 | 20 |

### Aufbau:
- Vier Turnkisten umgedreht in die Ecken eines Spielfeldes stellen
- 2 Mannschaften bilden, wobei jede Mannschaft noch einmal zwei Teams bildet (im Beispiel: ein 2er- und ein 3er-Team bei 5 Spielern je Mannschaft).

### Gesamtablauf:
- Die beiden 3er-Teams spielen gegeneinander auf zwei diagonale Turnkisten, die 2er-Teams spielen ebenfalls gegeneinander auf die anderen beiden diagonalen Turnkisten.
- Am Ende werden die Punkte beider Teams der jeweiligen Mannschaften zusammengezählt.
- Welche Mannschaft erzielt mehr Punkte?

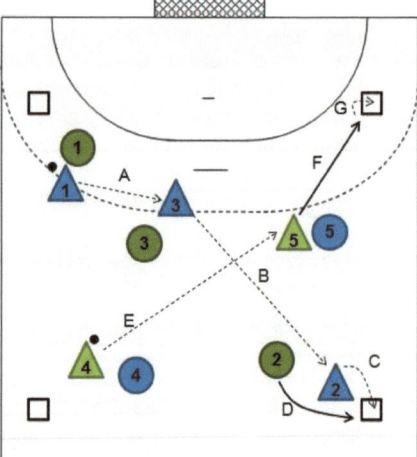

### Ablauf:
- Das Team in Ballbesitz versucht durch schnelles Passen (A, B und E), einen Spieler so anzuspielen, dass er den Ball in der Kiste des gegnerischen Teams ablegen kann (C und G). Dies gibt für das Team einen Punkt.
- Sofort nach dem Ablegen sichert sich das bisher abwehrende Team den Ball (D) und startet den Gegenangriff auf die Kiste des gegnerischen Teams.
- Beim Spiel 2gegen2 ist auch Prellen erlaubt.(F)

⚠ Da die beiden Spiele 3gg3 und 2gg2 parallel diagonal ablaufen, muss in den einzelnen Aktionen auf den Gegenverkehr geachtet werden. Die Spieler müssen auf das eigene Ziel spielen und dabei immer auch die diagonal laufenden Teams beachten.

⚠ Bei mehr oder weniger Spielern pro Mannschaft die Teams entsprechend aufteilen (2 mal 3gegen3; 2 mal 2gegen2)

## Nr.: 220-3 — Torhüter einwerfen — 10 — 30

**Aufbau:**
- Hütchen für einen Slalomlauf wie im Bild aufstellen
- Die Spieler in zwei Gruppen teilen; eine Gruppe beginnt mit dem Torwurf, die andere mit dem Slalom.

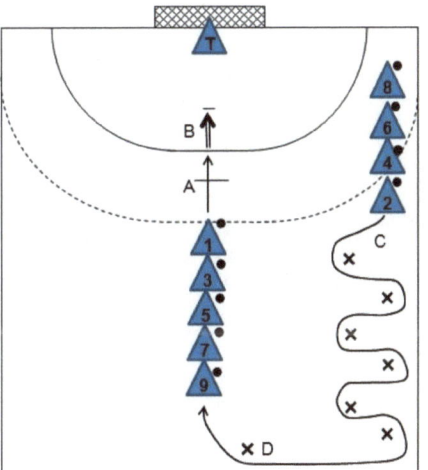

**Ablauf:**
- 1 startet mit Ball (A), wirft nach Vorgabe (Hände, hoch, tief) (B), stellt sich mit Ball hinter 8 an und startet nach 8 in den Slalom.
- Direkt danach startet 3 mit dem gleichen Ablauf usw.
- Gleichzeitig mit 1 startet 2, durchläuft nach Vorgabe im Slalom die Hütchen (C), umläuft danach das hintere Hütchen (D) und stellt sich hinter 9 an. 2 wirft nach 9.
- Wenn 2 beim dritten Hütchen ist, startet 4 mit dem Slalomlauf.
- Wenn alle Spieler geworfen haben, stellen sich die Gruppen neu auf und der Ablauf beginnt mit der nächsten Wurfvorgabe erneut.

⚠ Die Spieler sollen den Ablauf vor dem Wurf so timen, dass für den Torhüter ein Rhythmus entsteht.

**Vorgaben für den Slalom:**
- Vorwärts laufen und mit rechts (mit links) prellen
- Im Sidestep laufen und den Ball um die Hüfte kreisen
- Im Sidestep laufen und dabei prellen

### Nr.: 220-4 | Angriff / Wurfserie | 10 | 40

**Aufbau:**
- Hütchen für einen Slalomlauf wie im Bild aufstellen

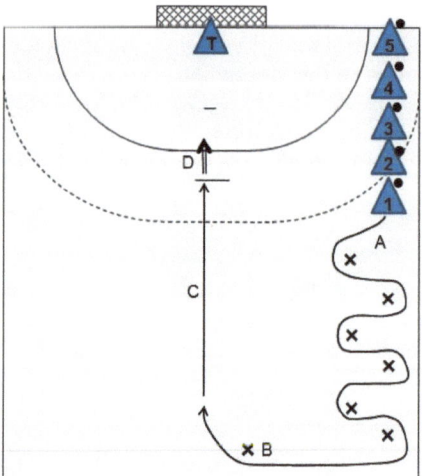

**Ablauf:**
- 1 startet mit Ball und durchläuft nach Vorgabe (vorwärts, Sidesteps, dabei prellen mit links, rechts, abwechselnd) die Hütchen im Slalom (A).
- Danach läuft 1 um das Hütchen (B), startet in Richtung Tor (C) und schließt mit Wurf ab (D).
- Während 1 in Richtung Tor läuft, ruft der Trainer laut Zahlen (z. B. 7, 5, 12).
- Direkt nach seinem Wurf nennt 1 die Summe der während seines Anlaufs gerufenen Zahlen.
- Wenn 1 den Slalom beendet hat, startet 2 mit dem gleichen Ablauf.

⚠ Die Spieler sollen trotz der Konzentration auf die genannten Zahlen konzentriert auf das Tor werfen.

| Nr.: 220-5 | Angriff / individuell | 15 | 55 |

**Aufbau:**
- Hütchen wie im Bild aufstellen

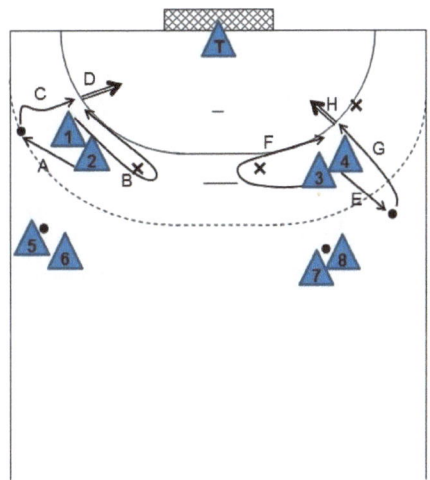

**Ablauf:**
- Die Übung erfolgt im Wechsel auf Linksaußen und auf dem rechten Rückraum. Nach einigen Runden die Seiten wechseln (Rechtsaußen und linker Rückraum)
- Die Spieler bilden Paare (diese wechseln in jedem Durchgang).
- Das erste Paar legt den Ball auf der Außenposition am 9-Meter aus. Die Spieler stellen sich einander gegenüber auf ca. 7 m auf und halten sich leicht an den Händen. Ein Spieler bekommt die Farbe „schwarz", der andere Spieler „weiß" zugeordnet.
- Der Trainer ruft als Kommando „schwarz" oder „weiß".
- Der genannte Spieler (hier 2) läuft zum Ball (A), nimmt diesen auf und startet in Richtung Tor (C).
- Der andere Spieler (1) umläuft das Hütchen (B) und behindert den ersten Spieler dann leicht beim Wurf (D).
- Inzwischen hat das erste Paar auf Rückraum rechts den Ball außerhalb 9-Meter ausgelegt und die Zuordnung „schwarz" und „weiß" getroffen.
- Der Trainer ruft wieder „schwarz" oder „weiß", der genannte Spieler (4) holt den Ball (E), zieht in Richtung Tor (G) und wirft (H). Der andere Spieler (3) umläuft das Hütchen (F), begrenzt den Durchbruchsraum für den Angreifer und hindert ihn leicht am Wurf.
- Dann startet das nächste Paar auf Linksaußen usw.

⚠ Die Spieler sollen trotz Zeitdruck und Bedrängnis durch den Abwehrspieler in vollem Tempo in Richtung Tor ziehen, abspringen und konzentriert werfen.

**Variation:**
- Anstatt „schwarz" oder „weiß" ruft der Trainer einen Begriff, der mit der Farbe assoziiert wird (z. B. Milch, Wolke, Kohle, Nacht...)

| Nr.: 220-6 | Angriff / Kleingruppe | 10 | 65 |

**Aufbau:**
- Zwei Hütchen links und rechts von 7 m als Markierung aufstellen, mit zwei weiteren Hütchen das Spielfeld nach außen begrenzen

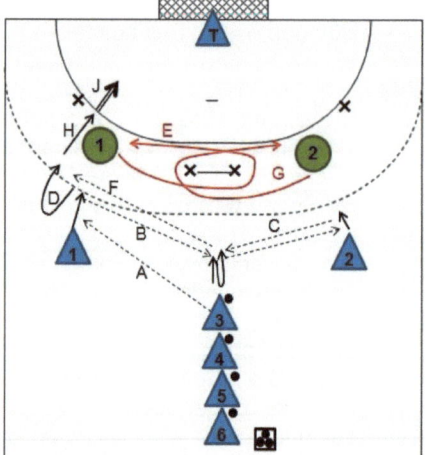

**Ablauf:**
- 3 bringt den Ball ins Spiel (A).
- 1 stößt und spielt zurück zu 3 (B), dieser passt zu 2 (C).
- Sobald 1 gepasst hat (B), umläuft 1 das entfernter stehende Hütchen am 7 m (E).
- Der Ball läuft zurück von 2 über 3 zu 1 (F), der sich leicht zurückgezogen hat und jetzt wieder anstößt (D).
- 1 entscheidet jetzt:
    o Ist 1 rechtzeitig wieder zurück in der Abwehrposition, spielt 1 wieder zu 3.
    o Ist 1 zu langsam, bricht 1 durch (H) und wirft (J).
- 2 umläuft, sobald 2 gepasst hat, ebenfalls das entfernter stehende Hütchen am 7 m (G).
- 1, 2 und 3 stoßen und passen so lange im Rückraum, bis 1 oder 2 durchbrechen können.
- Der Spieler, der geworfen hat, stellt sich in der Mitte mit Ball wieder an, 3 wechselt auf dessen Position und 4 startet den Ablauf erneut von der Mitte.

⚠ Die Spieler müssen breit anstoßen und sauber passen, um einen Durchbruch vorzubereiten.

⚠ Die Übung ist sehr intensiv für die Abwehr, deshalb Abwehrspieler regelmäßig wechseln.

⚠ Nach ca. 2-3 Stoßbewegungen sollte ein Durchbruch möglich sein. Den Weg für die Abwehr durch den Abstand der inneren Hütchen entsprechend vergrößern/verkleinern. Sollte der Angriff nicht zum Durchbruch kommen, die Übung für die Abwehr erschweren (z. B., indem die Abwehrspieler zunächst mit beiden Händen den Boden berühren müssen (sich auf den Boden setzen müssen), bevor sie mit dem Weg um die Hütchen starten).

## Nr.: 220-7  Angriff / individuell  15  80

**Aufbau:**
- Zwei Hütchen links und rechts von 7 m aufstellen

**Ablauf:**
- 3 startet den Ablauf zunächst nach links (A).
- Der Ball wird von 3 über 2 nach außen zu 1 und zurück gepasst (A und B).
- Sobald 1 zu 2 zurückpasst, läuft 1 um das Hütchen am 7 m (C).
- Kommt der Ball wieder von 3 über 2 (D) zu 1 (E), entscheidet 1:
    o Ist 1 rechtzeitig wieder zurück in der Abwehrposition, spielt 1 wieder zu 2.
    o Ist 1 zu langsam, bricht 1 durch (F) und wirft von Außen (G).
- 1, 2 und 3 stoßen und passen so lange, bis 1 der Durchbruch zum Wurf gelingt.
- Dann holt sich 3 aus der Ballkiste den nächsten Ball und startet den Ablauf nach rechts mit 4 und 5 und 2 in der Abwehr.

⚠ Die Übung ist sehr intensiv für die Abwehr, deshalb Abwehrspieler regelmäßig wechseln.

⚠ Nach ca. 2-3 Pässen auf die Außenposition sollte ein Durchbruch möglich sein. Sollte der Angriff nicht zum Erfolg kommen, die Übung für die Abwehr erschweren (z. B., indem die Abwehrspieler zunächst mit beiden Händen den Boden berühren müssen (sich auf den Boden setzen müssen), bevor sie mit dem Weg um die Hütchen starten).

| Nr.: 220-8 | Abschlussspiel | 10 | 90 |

**Ablauf:**
- Es werden zwei Mannschaften gebildet.
- Die erste Mannschaft startet im Angriff und spielt zunächst einen Angriff gegen 2 Abwehrspieler (A, B und C).
- Wird ein Tor erzielt, kommt für den nächsten Angriff ein weiterer Abwehrspieler hinzu (D).
- Wird kein Tor erzielt, wird auch der nächste Angriff mit der gleichen Anzahl Abwehrspieler gespielt.
- Geht der Ball durch einen technischen Fehler verloren oder wird er durch die Abwehr heraus gefangen, verlässt ein Abwehrspieler das Spielfeld.
- Die Angreifer versuchen, so schnell wie möglich ein Tor in Gleichzahl zu erzielen. Die Zeit wird gestoppt, dann ist Aufgabenwechsel.
- Welche Mannschaft schafft es schneller, in Gleichzahl zum Erfolg zu kommen?
- Schafft es eine Mannschaft nicht, innerhalb von 5 Minuten die Aufgabe zu lösen, ist Aufgabenwechsel und es wird notiert, wie viele Abwehrspieler zum Zeitpunkt des Abbruchs auf dem Feld waren.

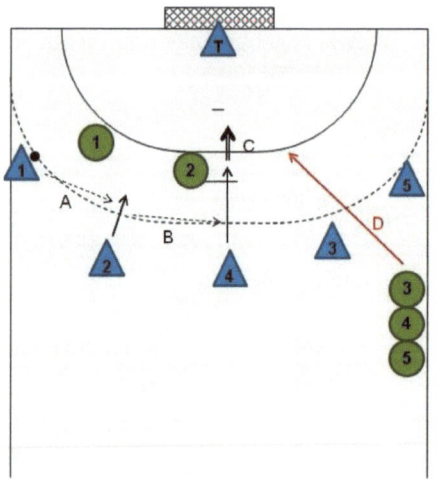

**Variationen:**
- Anstatt die Zeit zu stoppen, kann auch die Anzahl der Angriffe gezählt werden, die zur Erfüllung der Aufgabe benötigt werden.

⚠ Die Mannschaft ist selbst für das Holen des Balles verantwortlich – die Zeit läuft weiter.

## 14. Über den Autor

**JÖRG MADINGER**, geboren 1970 in Heidelberg

**Juli 2014 (Weiterbildung):** 3-tägiger DHB Trainerworkshop "Grundbausteine Torwartschule"
Referenten: Michael Neuhaus, Renate Schubert, Marco Stange, Norbert Potthoff, Olaf Gritz, Andreas Thiel, Henning Fritz

**Mai 2014 (Weiterbildung):** 3-tägige **DHTV/DHB Trainerfortbildung** im Rahmen des VELUX EHF FinalFour
Referenten: Jochen Beppler (DHB Trainer), Christian vom Dorff (DHB Schiri), Mark Dragunski (TUSEM Essen), Klaus-Dieter Petersen (DHB Trainer), Manolo Cadenas (Nationaltrainer Spanien)

**Mai 2013 (Weiterbildung):** 3-tägige **DHTV/DHB Trainerfortbildung** im Rahmen des VELUX EHF FinalFour
Referenten: Prof. Dr. Carmen Borggrefe (Uni Stuttgart), Klaus-Dieter Petersen (DHB Trainer), Dr. Georg Froese (Sportpsychologe), Jochen Beppler (DHB Stützpunkttrainer), Carsten Alisch (Nachwuchstrainer Hockey)

**seit Juli 2012: Inhaber der DHB A-Lizenz**

**seit Februar 2011:** Vereinsschulungen, Coaching im Trainings- und Wettkampfbetrieb

**November 2011: Gründung Handball Fachverlag** (handball-uebungen.de, Handball Praxis und Handball Praxis Spezial)

**Mai 2009: Gründung der Handball-Plattform handball-uebungen.de**

2008-2010: Jugendkoordinator und Jugendtrainer bei der SG Leutershausen

**seit 2006: B-Lizenz Trainer**

**Anmerkung des Autors:** 1995 überredete mich ein Freund, mit ihm zusammen das Handballtraining einer männlichen D- Jugend zu übernehmen.

Dies war der Beginn meiner Trainertätigkeit. Daraufhin fand ich Gefallen an den Aufgaben eines Trainers und stellte stets hohe Anforderungen an die Art meiner Übungen. Bald reichte mir das Standardrepertoire nicht mehr aus und ich begann, Übungen zu modifizieren und mir eigene Übungen zu überlegen.

Heute trainiere ich mehrere Jugend- und Aktivmannschaften in einem breit gefächerten Leistungsspektrum und richte meine Trainingseinheiten gezielt auf die jeweilige Mannschaft aus.

Seit einigen Jahren vertreibe ich die Übungen über meinen Onlineshop handball-uebungen.de. Da die Tendenz im Handballtraining, vor allem im Jugendbereich, immer mehr in Richtung einer allgemeinen sportlichen Ausbildung mit koordinativen Schwerpunkten geht, eignen sich viele Spiele und Spielformen auch für andere Sportarten.

Lassen Sie sich inspirieren von den verschiedenen Spielideen und bringen Sie auch Ihre eigene Kreativität und Erfahrung ein!

Ihr

Jörg Madinger

## 15. Weitere Fachbücher des Verlags DV Concept

**Mini- und Kinderhandball** (5 Trainingseinheiten)
Mini- bzw. Kinderhandball unterscheidet sich grundlegend vom Training höherer Altersklassen und erst recht vom Handball in Leistungsbereichen. Bei diesem ersten Kontakt mit der Sportart „Handball" sollen die Kinder an den Umgang mit dem Ball herangeführt werden. Es soll der Spaß an der Bewegung, am Sporttreiben, am Spiel miteinander und auch am Wettkampf gegeneinander vermittelt werden.

Das vorliegende Buch führt zunächst kurz in das Thema und die Besonderheiten des Mini- und Kinderhandballs ein und zeigt dabei an einigen Beispielübungen Möglichkeiten auf, das Training interessant und abwechslungsreich zu gestalten. Im Anschluss folgen fünf komplette Trainingseinheiten in verschiedenen Schwierigkeitsgraden mit Hauptaugenmerk auf den Grundtechniken im Handball (Prellen, Passen, Fangen, Werfen und Abwehren im Spiel gegeneinander). Hier wird spielerisch in die späteren handballspezifischen Grundlagen eingeführt, wobei auch die generelle Bewegungserfahrung und die Ausprägung von koordinativen Fähigkeiten besondere Beachtung findet.

Die Übungen sind leicht verständlich durch Text und Übungsbild erklärt und können in jedes Training direkt integriert werden. Durch verschiedene Variationen können die Trainingseinheiten im Schwierigkeitsgrad an die jeweilige Trainingsgruppe angepasst werden. Sie sollen auch Ideen bieten, die Übungen zu modifizieren und weiterzuentwickeln, um das Training immer wieder neu und abwechslungsreich zu gestalten.

**Passen und Fangen in der Bewegung - 60 Übungsformen für jedes Handballtraining**
Passen und Fangen sind zwei Grundtechniken im Handball, die im Training permanent trainiert und verbessert werden müssen. Die vorliegenden 60 praktischen Übungen bieten viele Varianten, um das Passen und Fangen anspruchsvoll und abwechslungsreich zu trainieren. Ein besonderer Fokus liegt dabei darauf, die Sicherheit beim Passen und Fangen auch in der Bewegung mit hoher Dynamik zu verbessern. Deshalb werden die Übungen mit immer neuen Laufwegen und spielnahen Bewegungen gekoppelt.

Die Übungen sind leicht verständlich in Text und Übungsbild erklärt und können in jedes Training direkt integriert werden. Durch verschiedene Schwierigkeitsgrade und Komplexitätsstufen kann für jede Altersstufe das Passen und Fangen passend gestaltet werden.

### Effektives Einwerfen der Torhüter - 60 Übungsformen für jedes Handballtraining

Das Einwerfen der Torhüter ist in nahezu jedem Training notwendiger Bestandteil. Die vorliegenden 60 Übungen zum Einwerfen bieten hier verschiedene Ideen, um das Einwerfen sowohl für Torhüter als auch für die Feldspieler anspruchsvoll und abwechslungsreich zu gestalten. Ein besonderer Fokus liegt dabei darauf, schon beim Einwerfen die Dynamik der Spieler zu verbessern.

Die Übungen sind leicht verständlich durch Text und Übungsbild erklärt und können in jedes Training direkt integriert werden. Ob gekoppelt mit koordinativen Zusatzübungen oder vorbereitend für Inhalte des Hauptteils, kann für jedes Training und durch verschiedene Schwierigkeitsstufen für jede Altersstufe das Einwerfen passend gestaltet werden.

### Wettkampfspiele für das tägliche Handballtraining - 60 Übungsformen für jede Altersstufe

Handball lebt von schnellen und richtig getroffenen Entscheidungen in jeder Spielsituation. Dies kann im Training spielerisch und abwechslungsreich durch handballnahe Spiele trainiert werden. Die vorliegenden 60 Übungsformen sind in sieben Kategorien unterteilt und schulen die Spielfähigkeit.

Folgende Kategorie beinhaltet das Buch
- Parteiball-Varianten
- Mannschaftsspiele auf verschiedene Ziele
- Fangspiele
- Sprint- und Staffelspiele
- Wurf- und Balltransportspiele
- Sportartübergreifende Spiele
- Komplexe Spielformen für das Abschlussspiel

Die Spiele sind leicht verständlich durch Text und Übungsbild erklärt und können in jedes Training direkt integriert werden. Durch verschiedene Schwierigkeitsstufen, zusätzliche Hinweise und Variationsmöglichkeiten, können sie für jede Altersstufe angepasst gestaltet werden.

## Taschenbücher aus der Reihe Handball Praxis

**Handball Praxis 1 - Handballspezifische Ausdauer** (5 Trainingseinheiten)

**Handball Praxis 2 - Grundbewegungen in der Abwehr** (5 Trainingseinheiten)

**Handball Praxis 3 - Erarbeiten von Auslösehandlungen und Weiterspielmöglichkeiten**
(5 Trainingseinheiten)

**Handball Praxis 4 - Intensives Abwehrtraining im Handball** (5 Trainingseinheiten)

**Handball Praxis 5 - Abwehrsysteme erfolgreich überwinden** (5 Trainingseinheiten)

**Handball Praxis 6 - Grundlagentraining für E- und D- Jugendliche** (5 Trainingseinheiten)

**Handball Praxis 7 - Handballspezifisches Ausdauertraining im Stadion und in der Halle**
(5 Trainingseinheiten)

**Handball Praxis 8 - Spielfähigkeit durch Training der Handlungsschnelligkeit**
(5 Trainingseinheiten)

**Handball Praxis Spezial 1 - Schritt für Schritt zur 3-2-1 Abwehr** (6 Trainingseinheiten)

**Handball Praxis Spezial 2 - Schritt für Schritt zum erfolgreichen Angriffskonzept gegen eine
6-0 Abwehr** (6 Trainingseinheiten)


## Weitere Handball Fachbücher und eBooks finden Sie unter
www.handball-uebungen.de

www.ingramcontent.com/pod-product-compliance
Lightning Source LLC
Chambersburg PA
CBHW041802160426
**43191CB00001B/12**